わたなべぽん

本当に必要なものが見えてくる、暮らし方・考え方

やめてみた。

はじめに

この本のテーマは"やめてみる"です
私の生活の中の
「なんとなく使ってきたけど
本当に必要かどうか分からないもの」や
「なんとなくモヤモヤする考えグセ」などを
思い切ってやめてみよう！
というお話です

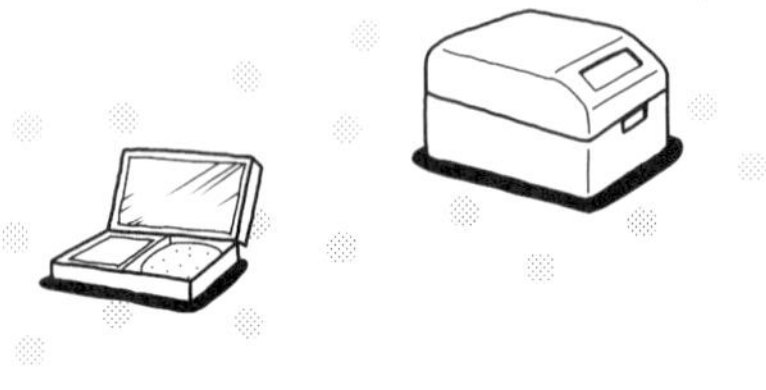

やめてみたものは
あくまでも私の生活には
必要なかったものであり
もしかしたら
皆さんの生活には
必要不可欠なもの
かもしれません

でも
「こんな生活もあるんだな～」と
楽しんで読んでもらえると
うれしいですし
自分にとって本当に必要なものとは
なんだろう？と考えてみる
きっかけにでもしてもらえたら
もっとうれしいです

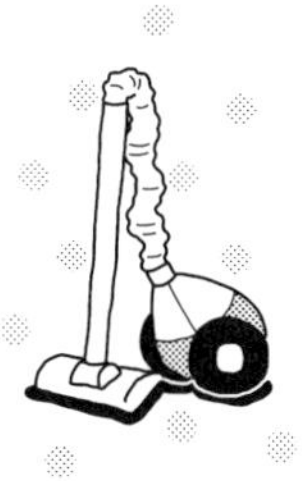

わたなべぽん

もくじ

第三章 心の中も、やめてみた

第一章

家の中から、やめてみた

第一話　炊飯器の巻

ある日の夕方のこと
カー
カー
パ〜
プ〜
時々まんが家
ほとんど主婦
わたなべぽん
あれ?あれ?
炊飯器のスイッチが入らない!
カチッ
カチッ
壊れちゃったのかな〜
そういえばもう14年も使ってるしな〜
えーっ
どうしよう今晩お米炊けないかも!!
オロ
オロ
オロ
たっぷり3合
でもこのといだお米 ムダにするのもったいないしな〜
仕方ない鍋で煮てお粥にしようかな
うっ
でもおかずがクリームコロッケだった
お粥と合わなそう…
そんなとき ふと目に入った土鍋
そういえば この前ごはん屋さんで 土鍋で炊いたご飯食べたっけ
ホカ
ホカ
おいしかった〜!
料理本でも時々レシピ見かけるしな〜
うちでも土鍋で炊けるのかな?
素人なのにムボーかな…

そこでネットで土鍋ご飯の炊き方を調べてみたら
意外と私にもできそうなことが判明
えーっ
吸水したお米を中火で13分火にかけて蒸らせばできあがり!?
ただいま〜
今日のごはんなに〜?
ん?
クリームコロッケにお鍋!?
斬新だね
違う違う
実は炊飯器が壊れちゃってね
苦肉の策で土鍋で炊いてみたってワケさ
えーっ
スゴイ!
うまくいけばいいけど…
そろそろ蒸らしOKかな
パカッ
おお〜
なにこれ!? ツヤツヤのピカピカ!
うわぁー
お米が立つって本当なんだ〜!
しっとり
ツヤツヤ〜
美味しい証拠"カニの穴"もできてた!
なんと!初回にして土鍋ご飯は大成功!
しかも
めちゃうま
ハフッハフッ
ハフッハフッ
おかずなんていらないくらい美味《おい》しいねー!
ハマりそう
炊飯器が壊れたことよりも土鍋ご飯の美味しさの方が衝撃の我が家

うーむ
今まで炊飯器でご飯炊くのが当たり前すぎて
炊飯器のない生活なんて考えたこともなかったけど
案外なくても平気だったりして…
ああ そういうモノってあるよね!
僕もずっと電気シェーバーは大人の男の必需品だと思ってたんだけど
うんうん
なんとなくT字カミソリ買ってみたときにヒゲそりを
〝朝の電気シェーバー〟から〝夜 入浴中のT字カミソリ〟に替えてみたんだ
そしたら! 朝そらなくてもいいから時間に余裕ができたし
そったヒゲの粉が洗面所に飛び散らなくなってさ
もうすっかりT字のとりこだよ
ほほう
というかあの謎の黒い粉は君のヒゲだったのか…
それはさておき
やめてみたら案外なくても平気なのに
なぜか使い続けているものって結構あるのかもねぇ
むふふ
ごはんもう一杯おかわりしちゃおうかな
僕もー
そうかもねぇ
このときはまだ「やめてみる」ことが私の人生に大きくかかわってくるとは思ってもいなかったのです

土鍋ご飯の美味しさに感動した翌日
昨日はテンションあがって
炊飯器なくても案外平気かもー!
なんて思ったけど
一晩たって少し冷静になった。
壊れた炊飯器
よく考えたら炊飯器やめるのってけっこー勇気いるよね
そりゃ土鍋ご飯は美味しいけどさ
炊飯器と違ってスイッチ一つで炊きあがるわけじゃないし
火にかけているときはついてなきゃいけないし
くつくつ
予約タイマーとかないから
食べる時間に合わせて炊かなきゃいけないし
出がけに予約して帰ってすぐ
お! 炊けてる!
パカ
これができなくなる
やっぱり一応新しい炊飯器
買っておいた方がいいのかな
う〜む
まあ
今度電器屋さん行くまで土鍋生活試してみればいいか
どうしても不便だったらまた買えばいいんだし
14年間ありがとう
炊飯器よ
粗大ゴミ
ということでお試し土鍋生活をしてみることに

その日の夜
おっ 夫君からLINEだ
帰るよ――！
ハーイ
夫の通勤時間は約1時間
土鍋ご飯炊くのも約1時間だから
土鍋ごはんタイムテーブル
とぎ 4分
吸水 30分
炊き 13分
蒸らし13分
シャコシャコ
今からやればぴったり
さっそくといいじゃお！
でもおかず作りをはじめるにはちょっと早いので
ささっと部屋を片付けて
昼の間に私が散らかしたものばっかり
それからおかず作りスタート
今日の夕飯は土鍋ご飯にぴったりの純和風！
おしながき
・さわらの西京漬け
・ほうれんそうとお揚げの煮びたし
・だし巻き玉子
・豆腐とネギのみそ汁
・きゅうりとカブの浅漬け
さわらは漬けてあるのを買ったからあとは焼くだけ
吸水終わって炊きスタート
PPPP
おっと炊き完了！あとは火を止めて蒸らし！
よしっと
カチッ
くつくつ くつくつ
みそ
そろそろさわらも焼いちゃお

すると…
ただいま〜
は〜
おなかすいたー
パカッ
よっしゃ!ジャストタイミング
スゴイぜ私!
いっただっきま〜す!
パクッ
……
やっぱり美味しい♥
じぃ〜〜ん
ふむふむ
夫の帰るコール
←
土鍋でご飯を炊きはじめる!(そのときササッと片付け)
この流れならいけるかも
は〜
おなかいっぱい♥
あり?
ご飯残っちゃった
2膳くらいあるなぁ
炊飯器のときはこのまま一晩保温しちゃって次の日の朝ごはんにしてたけど
ついつい使っちゃう
楽ちん保温機能
土鍋には保温機能ないもんね
タッパーに入れて冷凍しとくか〜
土鍋はこれが面倒かも…
ところが翌朝朝ごはんにて
なっなんじゃあこりゃあ!
ワナ
ワナ
どうした!?
夫は朝食食べない派

うおーっ
レンジでチンした土鍋ご飯もうまーいっ!!
朝からノーテンキな人だねぇ…
炊飯器で保温しっぱなしのご飯とは比べものにならないくらい美味しいっ!!
なにこれー 炊きたてみたいっ!!
そっかー
土鍋ご飯も冷凍庫をフル活用すれば いつでも美味しいご飯が食べられるんだよねぇ
もちろん炊飯器の冷凍ごはんよりおいしいし
私の中のおいしいごはんランキング!
炊きたて土鍋ごはん
1
炊きたて炊飯器ごはん
2
冷凍土鍋ごはん
3
冷凍炊飯器ごはん
4
保温ごはん
ランク外
ってことは炊飯器みたいな保温機能やタイマーがなくても 困らないかも!!
なんだぁ案外いけるじゃないか〜
こうして思いつきではじめた土鍋生活でしたが
気付けば1カ月続いていました
フンフ〜ン♪
土鍋は使ったあと丸洗いできるのが気持ちいいなぁ
炊飯器はこうはいかないもんね
ザブザブ

それに土鍋でご飯炊いてるあいだに〝ささっと片付け〟をするようになったら夕飯のときに部屋が散らかってるってこともなくなったし
土鍋セット！片付けGo！
ウジャー
休日は夫も片付け要員
キュ
片付けが済んでると翌朝のそうじが楽になるんだよね～
ん？
片付いてるからあとはそうじ機かけるだけ～
炊飯器をやめてみたら食事が美味しくなっただけじゃなく
そうじも楽になったなんてなんだか不思議…
今の私には土鍋生活が合っていたのかもしれないな～
うんうん
なにげなく暮らす毎日だけど
実はもっと自分に合った生活スタイルがあるのかもしれないと思いはじめた私なのでした

こんなものも
やめてみた！
長財布
大人になったら長財布が当たり前だと思ってた
デキる人は長財布！ってよく聞くしね
バッグの中でかさばろうとも すぐレシートやポイントカードでパンパンになろうとも
大人の女は長財布！
そしてブランドのやつ
と使い続けてきた
厚みはレンガくらい！
でもある日 結婚式に出席したとき ふと思った
このパーティバッグ用のミニ財布を普段使いしたらどうなんだろう…
てのひらサイズ
すると…
クレカ1枚 キャッシュカード1枚 ポイントカード2枚
ドラッグストア
スーパー
VISA
CASH
小銭はこっち！
財布が小さいだけでこんなに身軽だなんて！
もう長財布に戻れない！
ちんまりバッグ
レシートをためこまないよう毎日出すようになったし
むやみにポイントカードを作らなくなった
ポイッ

第二話 TV の巻

土鍋ご飯に感動した勢いで炊飯器を処分した我が家
ゴミ
ボロッ
不便どころかますます土鍋が愛《いと》しい今日この頃
うぅむ
この存在感がかわいいんだよね〜
ぽってり
他にも"やめてみたら案外なくても平気なもの"ってあるのかもなぁ
なんて思っていたある日のこと
ピンポーン
おじゃましまーす
友人達が遊びにやってきました
ごめんねーチビ達まで連れてきちゃって
ケーキ買ってきたよ〜
ごあいさつは?
こんにちはー
こんにちはー
大歓迎だよ!あがってあがってー!
こんにちは!
あ!でもうち子供向けのDVDとかないからチビちゃん達たいくつしちゃうかな
おもちゃとかもないし
いーのいーの
気にしないで!お気に入りのおもちゃ持ってきてるし!
DVD
それにうちTVやDVDは見せる時間を決めてるんだよね
へ〜
えー!?
そうなの!?

うちの子って
TVやDVD
見せると
とにかく夢中に
なっちゃって…
おとなしくなるのはいいんだけどね〜
じーっ
ごはん食べるのも
うわの空
私の言うことも
聞かなくなるし
すすまない
じー
ホラ！ズボンはいて！
日中じっとして
TV見てると
疲れないからか
夜ふかしに
なっちゃうの
まだ眠くなーい
なーい
あんまり良く
ないかもねって
話に夫となって
TVやDVDは
時間を制限して
見せることに
したんだよね
その分たっぷり遊び相手しなきゃいけなくて大変だけどね〜
えらーい！
へ〜！
そうなんだぁ
うっ…
な なんだろ?
育児の話
なのに
なぜか大人の
私の耳が痛い
そういえば
私もごはん中
TVに夢中で
うわの空だったり
ビール何本飲んだかすぐ忘れる
じー
よくこぼす
夫の話を
半分も聞いて
ないらしいし
夫によく叱られる
おーい
じー
つい寝るのが3時に
深夜番組
見まくって
夜ふかし&
朝ねぼうだし
そう！
実は私
物心つく頃からの
生粋のTVっ子
あたしゃ5才児と同じかい！

朝起きたら
TVをつけ
夜寝るときに
TVを消す
「TVつけっぱなし生活」が
普通だと
思ってたし
何のギモンも
ありませんでした
子供の頃カタカナと簡単な漢字はTVで憶えた
ガチャ
TVがついてない生活なんて考えられないなぁ
そういえばうちもあんまりTVつけっぱなしにはしないかも
えっ
そうなの？
うん
うちの場合見たいドラマの時間になったらTVつけるって感じかなー
リーガルハイにハマってさ～
面白いよねあれ！
え～
じゃあそれ以外は部屋ん中シーンとしてるの!?
さみしくない!?
それは子供の頃からTVをつけっぱなしにしてきた私にとって
信じられない生活スタイルでした
ネットも本もあるし時々音楽もかけるしあんまりさみしいと思ったことないなぁ
うん
案外なくてもいけるよね
うちも慣れたよ～
ピクッ
案外なくてもいける!?
この前の炊飯器のときみたいに
TVつけっぱなし生活も変えてみたら
意外と楽しくなったりして…
ちょっぴり心が動いてきたので

翌朝から
さっそく
試してみる
ことに
チュン
チュン
ふぁぁ
よく寝た〜
ピ
おっとイカン
今日からTVは
本当に見たい
番組のときだけ
つけるんだった
ついくせで
つけちゃった
ピ
ズズズ
……
静かすぎて
なんか変な
感じ…
もっちゃ
もっちゃ
しーーん
朝ごはん中
むむぅ
調子
狂うなぁ
静かすぎて
もくもくとそうじ
させられてる
気分♪
パタ
パタ
し〜ん…
そうじ中
今何時だろ?
TVついて
ないと時間が
分からん
なんか集中
できない…
今までは
TV番組で
だいたいの時間を
把握していた
し〜ん
部屋にTVの音が
しないということに
慣れなくて
すごい違和感…
仕事中
でも夕方
夕食の準備を
しはじめた頃
少しずつ
違和感が
薄れてきました
パー
プー
カー
カー

……
トントントン…
——なんか
“夕餉《ゆうげ》”の
音がする
トン
トン
トン
トン
クツクツ
コト
コト
シュン
シュン
こういうのも
いいかも
しれない
カー
カー
パープー
帰宅した夫にも
TVつけっぱなしを
やめてみたいと話すと
へー
僕もつけっぱなし派
だから想像も
つかないけど…
でしょ
ちょっと
試してみても
いいかもね
ちなみに僕は
格闘技中継は
見たいなぁ
もちろん！
私は「ガキ使」と
お笑い芸人の
ネタ番組は見る！
格闘技好き
お笑い好き
こうしてお互いが
見たい番組のときだけ
TVをつけることにして
TVつけっぱなしを
やめてみることに
した我が家
はじめて
数日は
うっ…
何話そう
もぐ
もぐ
特に食事のとき
困った！
やっぱり
ぎこちなかった
けど

でも少しずつ慣れてきて
そういえば今日ランチのとき 前の会社の同僚とバッタリ会ってさー!
へ〜
今日の出来事をよく話すようになったり
久し振りに音楽でもかけてみようかな〜
これ学生時代よく聴いてたんだよね〜
YMO
読まずにほったらかしだったけど じっくり読んでみよっと
くつろぎタイムが有意義になった気がします
しかも好きな番組を見るときには
すっかりイベント気分
今夜K-1中継観ようよ
おー!ビールとポップコーン用意しよう!
めちゃくちゃ熱中して楽しむようになりました
どりゃ〜
いけーけっ そこだーっ
ギャース
リングサイドにいるかのような熱中ぶり
は〜面白かったね〜
さて風呂入って寝ますか〜
汗かいた〜
プチッ
うん
その上夜ふかしグセが減ってきていいことずくめ
TVとの付き合い方を変えただけでいろんなことができる時間が増えるんだな
勉強になったなぁ
私には難しいと思ってた"TVをつけっぱなしにしない生活"をクリアして
なんだか更に新しいことができそうな気分になったのでした

こんなものも
やめてみた！
タバコ
意外！と言われることが多いのですが
実は私、昔はかなりのヘビースモーカーだったんです
マンガ家を夢見ながらも古本屋の店長をやっていた頃、
お金もかかるしやめなきゃな～
なんて思いつつ1日に2箱スパスパ…
でもやめられないよな～
そんなある日
オカルト漫画の大家つのだじろう先生の心霊マンガを読んでいたら
ん？
願いを叶える方法？
なになに？
うしろの百太郎
要約すると…
願いを叶えるためには自分が一番やめがたいことをやめて祈るべし！
ババーン
となると…
私の願い「マンガ家になること」
やめがたいこと「タバコ」…
マンガ家になるには禁煙しなさいってことなのか？
教えて百太郎～！

とはいえマンガの話だし
本気になんてしてないんだけどね〜
チラッ
でもこのとき実は投稿用のマンガを描き上げたばかりの私
でもなぁ…
それからというもの
くわっ
タバコに手を伸ばそうとすると百太郎が頭に浮かぶように
ピクッ
ここで吸ったらもうマンガ家にはなれないかも…
やめておこうかな…
やった〜
一カ月後編集部から連絡がありデビューすることが決まったときには
ありがとうございますっ
気づけばすっかりタバコをやめられていました
ゴミ
禁煙したい人
ここで吸ってしまったら一番の願い事が叶わなくなる
と思うと恐ろしくてタバコなんてすぐやめられますよ〜
試してみてはいかがでしょう？
ちなみに現在「ここで吸ったらマンガの仕事が来なくなる」と思うと怖くて禁煙続行中です
怖がり

第三話 そうじ機の巻

炊飯器に続き TVのつけっぱなしを やめてみた我が家は
最近なんだか ゆったりムード
炊飯器やTVを使わなくても 思ったより困らないし
コーヒーがんまい♥
TVは観たい番組があるときだけ
めちゃうま土鍋ごはん
おまけに楽しい変化もあって お得な気分♡
他にもやめてみてもいい家電ってないかな
キョロ
キョロ
おっ
例えば洗たく機はどうかな
さすがに洗たく機はないと困るか
おしん改めおぽん
ゴシ
ゴシ
毎日洗濯板で洗うわけにいかないもんね
そんなある日のこと
よっこらしょっと!
は〜
重たっ!
そうじ機がけおしまい と
ずり
ずり

今日は天気いいし布団も干そうかな
そうだ!
ついでにリビングのジュータンも干そう
ボフッ
ん?
ボフッ
んん!?
なにこれ!? ジュータンからすんごいゴミ&ホコリが出るんですけど!
ボフッ
ボフッ
あっ
ごめんなさいすぐやめます
お隣さん
ちゃんとそうじ機かけてるのに
なんでー!?
もしかして毛足の長いジュータンは
奥のゴミまで吸い取れないのかな
はっ!!
奥ってことはタンスのスキマの奥はどうかな
ササッ
実は前からちょっと気になっていた。
うげげっ
見たくないものが見えてしまった…
ホコリのかたまり

こういう狭いところってそうじ機のヘッドが奥まで入らないけど
吸引力でホコリは取れるものと思ってた…
はっ
もしかして私そうじ機を信じすぎて
これくらい吸い取っていると思っていたけど
ぐおぉ〜
本当はこれくらい
ススス…
めっちゃ雑にそうじしてたかも!!
もともと雑なのに
そこで狭いスキマのホコリを取るためフロアワイパーを買ってみることに
これならスキマにも入りそう
ワイパー
ワイパー
トイレ
すると
な…なにこれ
ワイパーってめっちゃ楽〜♪
部屋全部これでいけるじゃないかー!
スイスイ
スイ〜
軽いし
コードレスだし
ふふふ
狭いところも
スイス〜イ
排気がないし
フィルターそうじもいらないし♡

むむぅ
フロアワイパーって手抜きそうじの道具って思ってたけど
こんなにデキるやつだったとは
ド偏見
スゴイッ!
ごっそり!
こんなことがあってから
我が家のそうじはもっぱらワイパーが主役に
うるさくないから
夜でも平気〜
しかもワイパーでそうじしやすいように
ジュータンはワイパーできないからやめちゃお
脱衣所のマットは使い終わったらお風呂のドアにひっかける
おっと〜
出しっぱなしはやめておこう
床に物を置かない生活になっていきました
その結果
なんだか最近うちスッキリしてるね
足の裏がざらつかないし
ふふ
毎日ワイパーかけてるからね!
週2で水ぶきもしてるし!
そうじ機って使うことじたいが億劫で週2くらいしかやらなかったんだけど
ワイパーなら気楽に使えて私に合ってたみたい
うーむ 明日でいいか
チラッ
どっしり

床が広々してると思わず大の字になりたくなるね〜
……
はあ〜
気持ちいい〜
のびのび〜
床に大の字になるなんて小6の夏休み以来かもー！
座布団のまくらがまたいいんだよね〜
フフッ
タンスの下もキレイ♡
チラ
こうしてそうじ機を見直したことがきっかけで
くかーーっ
あっ寝たっ
〝気持ちいい大の字お昼寝〟をゲットした私
数日後そうじ機は我が家での任務を終えることになったのでした

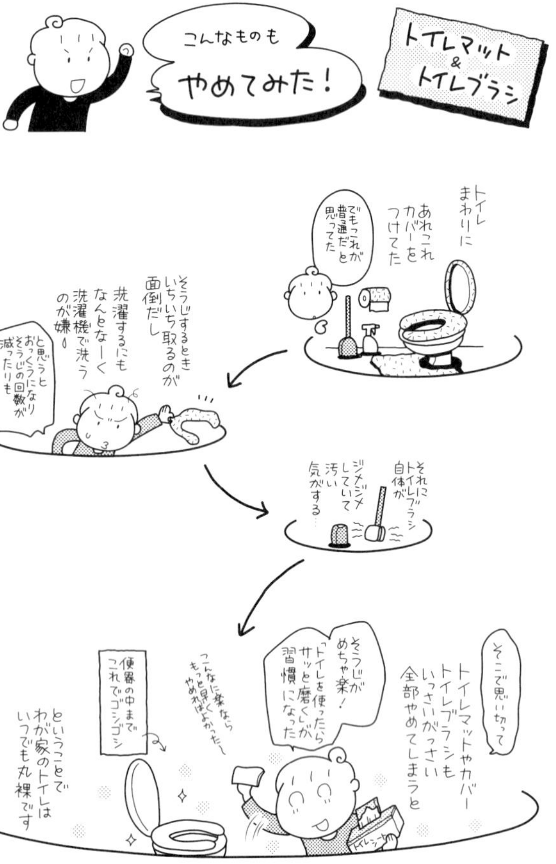
こんなものも
やめてみた！
トイレマット＆トイレブラシ
トイレまわりに あれこれ カバーを つけてた
でもこれが 普通だと 思ってた
そうじするとき いちいち取るのが 面倒だし
洗濯するにも なんとなーく 洗濯機で洗う のが嫌
と思うと おっくうになり そうじの回数が 減ったりも
それに トイレブラシ 自体が ジメジメ していて 汚い 気がする…
そこで思い切って
トイレマットやカバー トイレブラシも いっさいがっさい 全部やめてしまうと
そうじが めちゃ楽！ 「トイレを使ったら サッと磨く」が 習慣になった
こんなに楽なら もっと早く やめればよかった〜
便器の中まで これでゴシゴシ
トイレシート
ということで わが家のトイレは いつでも丸裸です

第四話　ゴミ箱の巻

ある日の昼さがり
はー
やっぱり大の字になれるって気持ちいい!
ゴロゴロ~
ふふふ すっかり気に入ったんだね
――ん?
ピクッ
あれ? なんかにおう
くんくん
むくっ
なんだろ? かすかに果物が腐ったようなにおいが…
くんかくんか
変だな 部屋は片付いているのに
くんかくんか
わっ
何?
なんかクサイ… もしかして夫か?
失礼→
でもこのときはにおいの原因をつきとめられず…
ま 外から入ってきたにおいかもしれないし
その内消えるでしょ
そして翌朝
ふあぁ
にゃむにゃむ
ん!?
なんだか昨日よりもにおいが強くなってる!?

観葉植物の根っこでも腐ってんのかなー
くんかくんか
？？？
やっぱり外からにおってきてるのか？
う〜む
せっかくキレイにそうじしてても
クサイのは嫌だなぁ
シュッシュッ
ファブリーズ
ガッ
あっ
んも〜
やっちゃった
ん？
ギャ〜〜ッ
プ〜〜ン
においのもとはこれかー！
それは数日前に食べた果物の皮
バナナ&ぶどうの皮たち
おやつに食べて
ゴロ寝の合間に
なにげなく皮をゴミ箱に捨てたんだった
は〜
おいしかった〜
ポイッ
ゴミ箱にビニールをかけてあるので少々生ゴミを捨てても大丈夫だと思った
よ…よかった虫がわく前に気が付いて…
ブ〜ン
カサカサ

実は数年前まで私は〝片付けられない女〟で部屋はひどいありさまでした
ごちゃ…
ダメな自分を認めたら
詳しくは本を読んでみてね
あの頃は部屋全体が大きなゴミ箱みたいだった…
どうにか汚部屋《おべや》を脱出したくて
チーン
こんなのフツーでした
ポイッ
大きめのゴミ箱をあちこちに設置して「ゴミはゴミ箱へ」を徹底したら
チーン
ポイッ
部屋にゴミが散らかることはなくなったんだけど…
「家中にあるゴミ箱のゴミを集めて捨てる」という作業が面倒で
ま、まだ入りそうだから明日でいいか…
ついあふれるギリギリまで放置してしまう
いまだに解決できてない悪いクセ…
ギュ
あ〜っもう
面倒だけどイッキにやっちゃお!
えいや〜っ

するとそんな様子を見ていた夫が…
ごめんよ 実は僕も気付いていたんだけど つい面倒でほったらかしてたんだ～
手伝うよ! 手分けしよう
ありがと～
やればものの5分で終わるんだけどね
ゴミ箱もたくさんだとまとめるのもひと苦労だよね
ピクッ
たくさんあるとひと苦労?
そっか!
ゴミ箱がたくさんあるから面倒なんだから ゴミ箱減らせばいいのかー!
ねっ!
えーっ
そ そんな安易な! ——それにゴミ箱減らしたら
またあの頃に戻っちゃいそうで怖いんですけど(汗)
ごっちゃり
トラウマレベル
ギクッ
そ…それは怖い
でも今の私はまめにそうじができるようになったんだし ゴミ箱減らしてもキレイな部屋をキープできるよう工夫してみるよ!!
チャレンジチャレンジ!
ということで我が家の「ゴミ箱減らし大作戦」がはじまった!!
ホントに大丈夫かなぁ…

よしっ じゃあまずは なくても困らなそうなゴミ箱から見直してみるか～
おっ!
玄関に置いたDM捨てる用のゴミ箱
これはなくなっても平気かも!
うむ!
DMは読んですぐキッチンの大きなゴミ箱に捨てることにしよう!
処分!
トイレのゴミ箱もなくていいか
普段捨てるのトイレットペーパーの芯くらいだし
そのくせフタ付きでビニール袋セットするの面倒くさいし
生理用品系のゴミもその都度キッチンの大きなゴミ箱に捨てれば
放置しない分衛生的かも
処分!
キッチンといえばシンクの中の三角コーナーも
ついほったらかしにして触るのも嫌になるけど
食べ物ってシンクに落ちた瞬間"生ゴミ"って感じになるんだよね…
生ゴミもすぐに大きなゴミ箱に直接捨てちゃえば手間がはぶけるなぁ
処分!
ん?
リビングのとなりのくつろぎスペースも
ゴミが出たらキッチンの大きなゴミ箱に捨てればいいか
処分!
これでもう うっかり果物の皮を捨てることもあるまい

そっか！
基本的にゴミはキッチンの大きなゴミ箱に捨てればいいんだ！
プラ
可燃
缶・ビン
ペット
こうして我が家のゴミ箱は厳選され
メインの大きなゴミ箱
プラ
可燃
缶・ビン
ペット
寝室のゴミ箱
とはいえ現実的にゴミ箱1つじゃムリそうなので
テーブルの上にティッシュケース付きゴミ箱
ゴミ箱はメイン1つ＋サブ3つに
洗面所に
ゴミ箱が減った当初は少し戸惑いもあったけど
おっとないんだった
少しずつ慣れて苦にならなくなっていきました
DMや宅配便はキッチンで開けて
出たゴミはその場ですぐメインのゴミ箱に捨てちゃお！
今まではリビングで開けてリビングのゴミ箱に捨ててた
もちろんゴミをまとめるのも
楽チ〜ン！
キュッ
ゴミ

ふふっ ゴミ箱少なくなった分 ちょこっとだけ部屋が広くなったような気がする
ほんとにちょこっとだけど
また更にワイパーかけやすくなったし！
ゴミ箱のうしろにホコリもたまらないし！
フン フ～ン♪
それにいつも心のどこかでうしろめたかった気持ちも
そろそろゴミまとめなきゃ
あ～あ 私ってズボラ
こんなになるまでためこむなんて……
どこかに行っちゃった！
当たり前だけど目に映るものは
汚いものより
キレイなものの方が
人間 心が落ちつくものなんだね
やりたくないことを
工夫して変えてみる楽しさを
感じはじめた私なのでした
さてと
ゴミ出してきちゃおっと

第一章でやめたもの

- ☑ 炊飯器
- ☑ TV
- ☑ そうじ機
- ☑ ゴミ箱
- ☑ 長財布
- ☑ タバコ
- ☑ トイレマット&トイレブラシ

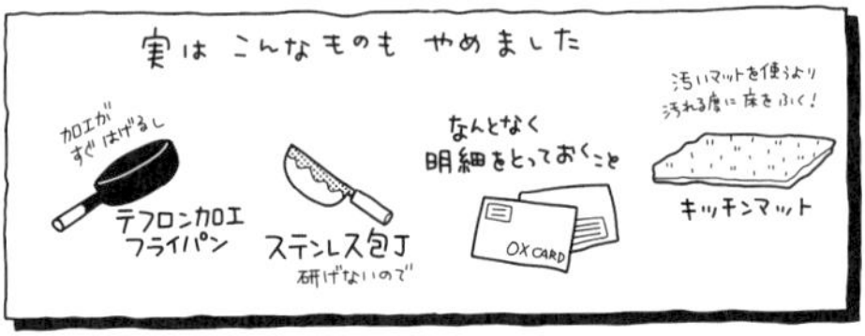

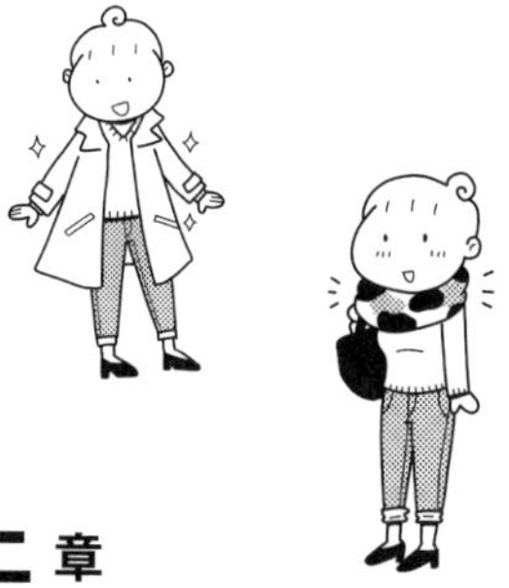

第二章

身の回りのもので、やめてみた

第五話　メイクの巻

忙しい朝
そんな朝に限って
キョロ
キョロ
そのミッションははじまる
BGM…007
何してんの？
ゴミ捨て行きたいんだけど
なるべく人に会わないようにしたいんだよね
だから誰もいないタイミングねらってるのっ
ゴミ
なんで？
スッピン
だから！
よし 今だ！
ダダッ
ガチャッ
あ
おはようございます！
おとなりのご主人
!!
おっおはようございますぅ～
やだーオホホ
ギャ～
心の中
ゴミ
ううう
やっぱりファンデーションくらいぬっておけばよかった
ミッション失敗だよ
ゴミ
ドサッ
ゴミ
あ～あ
なんかまたシミが増えた気がするー！
同年代の人みんなこんな感じなのかなー
私だけ？
ここが嫌だ！私のシミ・シワ！
そばかす
ニキビあと
唇まわりが黒ずんできた
口の横に小じわ
こめかみあたりの大きなシミ

ええーいっ
カバー力重視の下地とファンデで
シミよ見えなくなーれ!
ぬりっ
ぬりっ
でもこのガッチリカバーがくせもので…
では歯の状態を説明しますので手鏡をお持ちになってお口の中を見て下さい
あ ハイ
ギョッ
み…みにくい…
ピカー
歯医者のライトはすべてを白日のもとに晒《さら》す…
ファンデが小鼻の皮脂とまざってドロドロ
毛穴に入りこんだファンデのブツブツ
ぬりむら
小じわに入りこんだファンデのたてじわ
うっすら見えるシミ
そりゃ細かいところまでよく見えるハズだわ
ホントみんなどうやってカバーしてんだろ
しくしくしく…
あれ?痛みます?
そこで後日友人らに聞いてみたところ
私もノーメイクで外出る勇気ないわ~
ゴミ捨てのときはマスクするし
うんうん
わかる~
ヨレるの分かっててもコンシーラーとファンデ重ねづけしちゃうよね~
あの~

実は私
ファンデーション
使わない派
えーっ
ツルン
ノーメイクで
そんなにお肌
キレイなの!?
スゴーイ!
あっ
違う違う!
ファンデ使って
ないだけで
ノーメイクって
わけじゃないよ
眉描いてるし
チーク入れてるし
えーっ
ちゃんとメイク
してるように
見えるねー!
ファンデーション
ぬると顔が重たく
なる感じが嫌で
いつも軽い
日焼け止め
+
フェイス
パウダー
だけなんだ
SPF +30
へ〜
でもきっと
私にはムリだ〜
私も〜
大丈夫だよ
みんなお肌
キレイだし
それに
世の中の人
そんなに
私達の顔に
注目してないって
あはははは
気にしすぎだよー
うっ
そりゃ
そうなんだ
けどね。

その帰り道
うじうじ
そりゃー私の顔にシミの一つや二つできたところで誰も気にしないだろーけどさっ
ケリッ
その一つや二つでヘコむのが女心っつーかさっ
うじうじ
ん？
でもそう言われてみれば確かに私も他人の顔のシミなんて気にして見てないし
シミがあったところで笑ったりしないなぁ
う〜む
やっぱり気にしすぎだったのかなー？
自意識過剰だった気がしてきた…
そう思ったら少し気が楽かも
思い切ってノーファンデメイク試してみようかな
ドキドキ
明日はおでかけの予定もないし
翌朝
え〜っと
いつもなら
下地や日焼け止め
場合によってはコンシーラーも
UV
ガッチリファンデ
ぬりぬり
フェイスパウダーでフィニッシュだけど
今日は日焼け止め
軽くフェイスパウダー
だけだから楽チンだね
UV CUT

う〜む
さすがにファンデみたいなカバー力はないなぁ
シミあんまり隠れてないし
パタパタ
でもメイクしたときと変わらないくらい肌のきめは整って見える気がするパウダーのおかげだね
じーーっ
ふむ
これにチークと眉描いたらホントに普通にメイクしてるみたいに見えるかも
ツルン
これなら外に出ても平気かな？
ドキドキ
いろんな角度からチェック中
チラ
チラ
試しにちょっと外出してみよっかな？
ドキドキ
そこで近所の公園へ
まずは近所で慣らそう
昼ごはん
あら
お昼ですかいいですね〜
同じマンションの住人
あ
こんにちは！
ひえぇ〜
さっそく人に会っちゃった！
ドキドキ

ん—
いい天気!
それじゃ!
さよなら
いつもと変わらないご近所さんのあいさつ…
世の中の人そんなに私達の顔に注目してないよ〜
ホントだ
シミやシワの一つや二つで気にしすぎだったかも
おなかいっぱい!
ごちそうさまでした
ん?
フキフキ
おっ!
ふいても肌色がつかない!
以前は口まわりのファンデがついてた
口紅と
ファンデ
そっか!
ってことは今まで服やストールにファンデの肌色がついたりしてたけど
タートルネックにあごの部分のファンデがつく
マフラーやえりを立てるコートにつく
着替えのとき首まわりにつく
チーン
はなをかむと鼻まわりのファンデがズルッと取れる
日焼け止めもパウダーも無色だから目立ちにくいんだね!

しかも時間がたっても…
おおっ
あのイヤ〜な脂浮きがほとんどない！
皮脂とファンデがまざってドロドロになる
ムラになる
しわに入りこむ
メイク直しのときはまたパウダーはたけばつるりん肌復活！
これならもうお肌の状態気にしなくていいかも！
なんかとっても解放感〜♥
更に入浴時にも発見が！
あ
そっか！今日はファンデ使ってないからクレンジングいらないんだ
パウダーも日焼け止めも
UV CUT
水で落ちるものだし
じゃあ今夜はせっけん一つで顔も体も丸洗いだね！
小学生みたい！
?
ザバー
あはははうひょーっ
楽チーン♪
こうしてすっかりノーファンデ生活が気に入った私
それから10日後
今日は仕事の打ち合わせで外出する予定
パチン
今日は一応ファンデぬった方がいいかな
あれ？なんだか前よりノリがいい！
これならそんなにぬらなくてもいいかも
そういえば最近肌の調子がいいなぁ

もしかしたら
ノーファンデ
メイクのおかげで
今までのメイクは…
ファンデでがっちりメイク
しっかりクレンジング
W洗顔
お肌が疲れる
ノーファンデメイク
ノーファンデで軽いメイク
せっけんひとつで
つるっと落ちる
お肌が疲れない
肌へのよけいな
負担が減った
からかな⁉
ま
あいかわらず
シミはあるけど
私としては
シミはかくれるけどガッチリメイク
ファンデがよれやすい
よりも
シミはあまりかくれないけど自然なメイクでお肌健やか
の方が好きかも
こうしてファンデーションをぬらなきゃという思い込みから脱出し
一番のシミ対策は
気にしないってことかもね
うふふ
同時に「人目を気にしすぎる」のをやめてみることにした私
そっか…
〝やめてみる〟のは家電じゃなくてもいいのか
ゴミ
なんだか更に変われそうな予感がする私なのでした
おはようございまーす
おはよ〜

こんなものも
やめてみた！
毎晩のビール
毎晩夕飯のときには必ずビールを飲んで晩酌するのが日課だった私
おつかれ〜
でも以前「スリム美人の生活習慣を真似するダイエット」をやったとき
スリムな美人さんにお酒の飲み方についても聞いてみたら…
メモメモ
え？お酒？
飲み会や食事会のときか家ではお祝いがあるときくらいしか飲まないな〜
という美人さんがとても多かった
えっ!?それで足りるの!?
確かに毎晩ビールで晩酌はオッサンぽいし
私も真似してビールやめようかなぁ
でも一日の終わりに楽しくビールを飲めないなんてさみしい

そんなある日
なかなか晩酌をやめられないまま
さてと洗い物しちゃお
あれ？
空缶
ふ〜 おなかいっぱい!! ♪
えっ 気付かなかった!!
なんとこの日ビールと思い込んで飲んで満足していたのは
ノンアルコールビールテイスト飲料であった…
サンプルでもらったのを冷やしてあった
ノンアルビールテイスト
ノンアルビールテイスト
ってことは私が毎晩のビールに求めてたものってなんだったんだ…
それは「味」でも「酔い」でもなく
私ってもしや味オンチ？
別にビールじゃなくてもいいってこと？
シュワシュワした飲み物で"カンパーイ!"って労をねぎらうことだと気付いた私
ノンアルビール
ノンアルビール
それからというもの私の晩酌は
炭酸水に!
ときどき
リンゴジュースとレモンで割る
その分外食のときや家族のお祝いで飲むお酒が
ますます美味しくなった気がします
今日もおつかれ!
☆ー
夫はビール

第六話 服の巻 その1

少しずつ“やめてみる生活”を楽しめるようになってきたある日のこと
今日はいとこの引越し手伝いに来ています
いとこのN姉ちゃん
ふう…
町内での引越しだから業者呼ぶまでもないと思ったけど案外大変ね
ごめんね～夕飯ははずむからさ！
N姉ちゃんのだんなさん
焼肉でも寿司でもドンと来いっ！
やった～
はぁ
リビングとキッチンはなんとか片付いたね
だね
こうやって見ると広かったんだね－
でも…寝室がねえ
ごちゃっ
うわっ
なんだこりゃ!!
この際だからいらない服を処分しつつ必要な服だけ持って行こうと思ってるんだけど
これもかわいい捨てがたい…
一枚一枚手に取るとなかなか思い切って捨てられなくてね～
わかるわかる

あ
そうだ！
服やバッグで
欲しいのあったら
あげるよ！
捨てるより
気が楽
だしさ
え!?
いいの!?
わーい！
ただし！
そっちの方
から選んでね
いるもの
ゾーン
いらないもの
ゾーン
ラジャー！
お！
これなんか
ぽんに似合いそう！
え〜私
赤って似合わ
ないし…
真っ赤な
ワンピース
じゃこの
バッグは？
ステキでしょ？
こんなバッグが
似合う格好
しないしなぁ
カッチリした
お姉さん系
バッグ
このブラウス
花柄が可愛い
でしょ？
可愛いけど…
女の子らしいのは
私に似合わないよ
フェミニンな
ふんわり花柄
ブラウス
……
ひくっ
もしかして
私のお古
もらうの嫌？
はっきり
言って
もらって
かまわないよ
ちがう
ちがうぅ
ホントに
私に似合わ
ないくらい
可愛くて
もらっちゃ悪い
ような気が
しちゃって…

この赤いワンピースは絶対似合うって！
ぽんは背が高いし私よりかっこよく着れると思うよ！
遠慮しないで
ホラッ
ついでにこれとこれもあげちゃう！
持ってけドロボー！
ドサッ
わっ
どしたの？
うん これ もらった
ってかうまく処分係にされた気もしないではない…
う〜む
赤いワンピースなんてとてもじゃないけど似合う気がしない
着る勇気もない…
でも姉ちゃんがお世辞を言うとも思えないし…
やだ〜あんたまた太った？
バシッ
発言にオブラートがないことで身内で有名
っていうか私ってちょっと華やかだったり女性っぽいシルエットの服を見ると
私には絶対似合わない
と思っちゃうクセがあるのかも
ぽんがもらうもの入れ
思い切って着てみようかな…
いやいやいや
さすがに真っ赤なワンピースって!!
ムリムリムリ！
おーい作業進めちゃおうよー

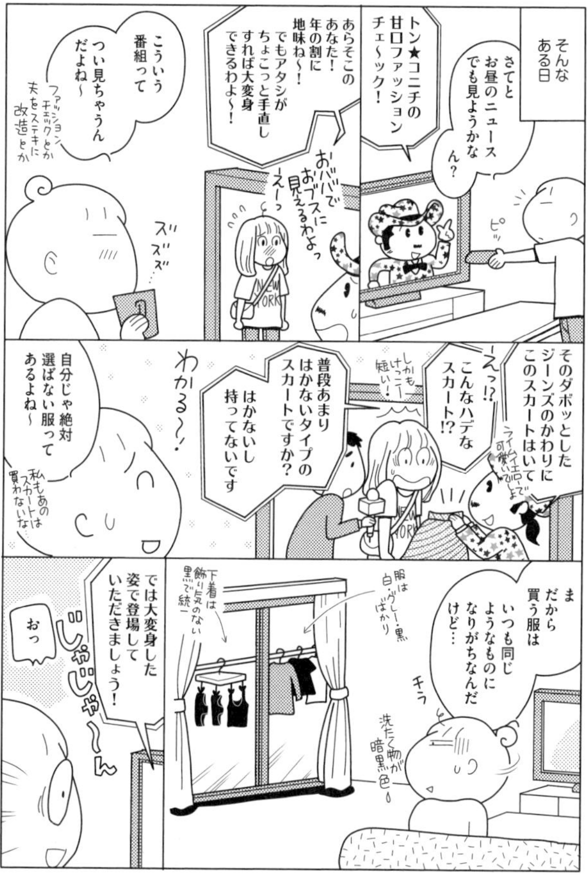
そんな
ある日
さてと
お昼のニュース
でも見ようかな
ん？
ピッ
トン★コニチの
甘口ファッション
チェ〜ック！
あらそこの
あなた！
年の割に
地味ね〜！
でもアタシが
ちょこっと手直し
すれば大変身
できるわよ〜！
おババでおブスに見えるわよっ
え〜っ
こういう
番組って
つい見ちゃうん
だよね〜
ファッションチェックとか
夫をステキに改造とか
ズズズ…
そのダボッとした
ジーンズのかわりに
このスカートはいて
ライムイエローで
可愛いでしょ
え〜っ!?
こんなハデな
スカート!?
しかも
けっこー
短い！
普段あまり
はかないタイプの
スカートですか？
はかないし
持ってないです
わかる〜！
自分じゃ絶対
選ばない服って
あるよね〜
私もあの
スカートは
買わないな…
ま
だから
買う服は
いつも同じ
ようなものに
なりがちなんだ
けど…
服は
白・グレー・黒
ばかり
下着は
飾り気のない
黒で統一
チラ
洗たく物が
暗黒色。
では大変身した
姿で登場して
いただきましょう！
じゃじゃ〜ん
おっ

このちょいダサファッションが
今どき女子ファッションに早がわりよっ♡
ハイウエストが可愛いのよ!
おお〜
スカートの方が断然いいっ!!
スゴイぞトン★コニチ!
変身してみていかがですか?
着てみたら意外としっくりきてびっくりしましたー!
今度からスカートはきます!
むむむぅ
なるほど〜
もしかして私も自分に似合わないって思い込んでるだけで
赤いワンピースだって着てみたら案外似合ったりして…
姉ちゃんにもらった真っ赤なワンピース
でもなぁ〜
私って昔から赤が似合わないからなー
——ん?
昔から…ってそもそもいつから私って赤が似合わないって思うようになったんだっけ?
ん〜〜
はっ!
も…もしかしてあれか?
男みたいなのに赤いスカートはいてて
変〜!
小学生の頃ショートカットにして男の子っぽいとからかわれたことがあった私
も〜
やめなよ!

当時そう言われて鏡を見たらなんだか自分でも
――ホントだ 男の子みたいな私には赤いスカートなんて似合わないや
なんて思っちゃって
それ以来 女の子らしい色や形の服を着るのにためらいが…
でや
元々女の子らしくはなかったが
でも大人になった今ではメイクもおしゃれもするようになったし
さすがに男の子に間違われることもないし
高校生の頃から髪を伸ばした
プチプラだけどコスメも好き
赤いワンピースも昔ほど似合わなくはないかもしれないな
私自身色々変わってきたんだから ここらで〝私には似合わない〟って思い込みとか
ささいな一言を気にしてしまう性格も 変えてみてもいいのかもね
むむむむ
よし！ 次のおでかけには思い切ってこの赤ワンピ着て行こう！

数日後
おーい
そろそろ出ないと
映画の時間に
間に合わないぞー
はーい
ね
これどうかな
この前姉さんに
もらったやつ
ドキドキ
お
いいじゃ
ない
華やかに
見えるよ
〝私には似合わない〟
という
小さな小さな
言葉の呪縛から
解かれて
明るい色の
服を着ると
なんだか気分も
明るくなるみたい
なんかちょっと
照れるけど
少しだけ気持ちが
軽くなりました
あのね 帰りに
寄りたい
洋服屋さんが
あるんだ～
とっても
おしゃれで
ステキな店
なんだって
今まで気には
なってたけど
行く勇気が
なかったの～
行って
みようよ
こうして
〝私には似合わない〟という
考えグセをやめ
〝ステキだと
思ったものを
好きに楽しむ〟
決心をしたの
でした

こんなものも
やめてみた！
ツアー旅行
20代なかば初めて海外に旅行に行ってから
すっかり旅行が大好きになった私と夫
グルメ観光
ショッピング♥
ツアーを選ぶのもまた楽しみのひとつだと思っていたけれど…
夕飯はこっちのツアーの方がおいしそう
う～ん
この工場見学ってのはいらないんだけどな～
……!!
行き先もホテルも飛行機も自分達で全部決めちゃえばいいんだ！
ドキドキ
ちょっと緊張するけど
必要に応じて現地のガイドを手配したり
現地で半日の観光ツアーを申し込むのもすべてネットで(しかも日本語で)できるので難しくない!!
MAP
それからというものわが家の旅行は
国内外問わずいつも自由気まま
ちなみに自家用車がないわが家では
日帰りバスツアー
だけはツアーで申し込んでます

第七話 服の巻 その2

赤いワンピースを着ることにも慣れ
おしゃれ欲に火がついた今日この頃
おっ もう秋物が並んでる～
ちょっとのぞいてみようかな
秋物入荷しました
どれどれ～
ーーって
私ってばあいかわらず暗い色みの服ばっかり選んでるなぁ
せっかく赤も着られるようになったのに～
そちらは定番のVネックニットです
パンツにもスカートにも合わせやすくて人気ですよ
こちらはコットン100%で肌ざわりが良く着やすいです
シンプルなボーダーはよく売れてるんですよ～
ふむ
〝定番〟
〝着やすい〟
〝シンプル〟かぁ

でも…せっかく買うならちょっと変わった面白みのある柄やデザインの服が欲しいなぁ
それ一枚でぐっとおしゃれに見えるような…
おっ！
この服変わってますね！
肩のところだけファーになってるんです
おもしろいでしょ〜
そでが七分なので秋口のおしゃれにおススメですね
ちょっと個性的なデザインなので
モードな着こなしができますよ
ピクッ
ずいっ
これ買いますっ
私は〝個性的〟という言葉に弱かった…
ふっふっふ
この秋 私はモードな女♡
うっきうき
でもこのウキウキは長くは続きませんでした
なぜなら…
むきーっ
このシャツに合うボトムがな――いっ!!
個性的なアイテムはコーディネートが難しい…

あ〜ぁ
もっと店員さんにコーディネートの仕方とか聞いてくればよかった…
あり？
うわぁ…
この服 1年くらい前フォークロア風に憧れて買ったけど
うまく着こなせないまましまい込んで忘れてた…
多分こーいうのが正解
でも足出すのやだし…
もさっ
私が着るとなんだかホントに民族調
あ、このスカートも形は面白いんだけど合わせにくいんだよね
うわっ
このブラウスもデザインはステキなんだけど
ステキすぎていつ着ればいいやら…
よく見たらタンスには〝ちょっと個性的で合わせにくい服〟がたくさん眠っていました
も〜〜っ
私って買物下手クソ〜〜〜
もっとコーディネートが楽な使いやすい服買えばよかったのかなぁ
はぁ
コーディネートが楽な服っていうと
今日お店ですすめられたみたいな服なんだろうけど
Vネック セーター
シンプル
カットソー
定番
着やすい
クルーネック ボーダー
あーいう服ってな〜んか面白くないいっちゅーか…

それにあーいう
シンプルな服って
本当におしゃれな
人がサラッと着れば
かっこいいけど
体形や年齢を
ごまかせないから
私が着たら
ただの地味な
オバチャンに
なりそうで
怖いよね～
あははは
ははは…は
……
ぴたっ
なっなんか今
うっかり心の闇が
口をついて出た
気がしたんです
けどっ
ドキドキ
ドキドキ
——そう 私は
個性的な服で
おしゃれを楽しみ
たいというより
“ただの地味な
オバチャン”に
なってしまいそうな
自分をごまかすため
個性的な服を
選んでいたのでした
もしかして
だからこんな
悪循環におち
いってたのか？
ごまかしがきく
個性的な
服が欲しい！
うちのタンスに
使えない服が
たまっていくワケ！
結局
タンスの
こやし
&
着る服が
ないから
買わなきゃ
でも根が
おしゃれじゃ
ないから
コーディネート
できない…
どーすれば
いいんだ～
—— そういえば

中学生になって初めて制服を着たけど
“みんな同じ”ってのが苦手だったっけ
可愛い娘と同じ制服で並ぶなんておデブでおブスな私のあらが目立つ～
思春期に突入してちょっぴりとんがりはじめると
人と違う格好をして少しだけ目立ってみたい
学校に黄色のPコート着てったら怒られるかなぁ
なんて思ったこともあったし
現代アートにハマってた20代の頃は平凡な自分がコンプレックスで
やっぱり個性って大切だよね
平凡な人間だと思われたくない
インド雑貨 じゅげむ堂
なんかいろいろこじらせ中
インドワンピース ¥2980
個性的に見られたくて精一杯自己主張してた気がする
ってことは自分に自信があれば
シンプルな服を着て自然体でいられるってことなんだろうか?
――でも
そう簡単に自信なんか持てないよね…
――!
いとこのN姉ちゃんにもらったワンピース

この赤いワンピースもらったとき着るのがはずかしかったけど
私には赤なんて似合わないよ～
私には似合わないという考えグセをやめちゃおうって決めたんだった
そして思い切って着てみたら案外平気だったんだよね
……よしっ
ぐっ
すっく
ちょっと怖いけど今回もまた思い切って〝やめてみる〟！
ドキドキ
〝人目を気にしてごまかすための個性的な服ばかり買ってしまう私〟を卒業するんだ！
次の買物で実践するぞ!!
そして1カ月後の木枯らしが吹きはじめた頃
SHOP 冬物入荷！
そろそろ冬物買いたいな～
今回は〝定番〟〝シンプル〟〝着やすい〟服を買うぞ！
！
いらっしゃいませ～！
そのニット今週入荷したんですけどシンプルでシルエットがステキなんですよ～

うっ…でもいざ手に取ってみるとシンプルすぎてこれ一枚で着こなす自信ない…
うう〜絶対地味なオバチャンになる〜〜
あら
それでしたら
柄の巻物をラフに巻いたり
お〜！
大ぶりのアクセサリーでアクセントつけてみたりも！
ホントだ〜！これだけでもう3パターン着まわし！しかも地味に見えないかもー！
やっぱりお店の人に聞くのが一番だな〜
アウターをキレイめの色にしてみると
かなり印象が変わりますよ
じゃ これいただきますっ！
ドキドキ
ありがとうございまーす！
ふっふっふ
実は巻物やアクセサリーも服と同じく
個性的なものを買っては使い方に困ってしまい込んでたのがあるから
シンプルな服になら生かせそうな気がしてきたぞー！

こうして…
私のタンスには少しずつシンプルな服が増えていきました
シンプルな服ってコーディネートが楽だから
変に個性的な服にこだわっていたときより
うふふ♡
ボーダーにパールも可愛い♡
バリエーションが豊富になった気がするなぁ
そして何より変わったのが
人目を気にしてごまかすためのおしゃれをしてた頃は時々
これで大丈夫かな
なんて不安になることがあったけど
スヌード組み合わせてみるのもいいね
シンプルな定番服のおしゃれに慣れたら
そんな不安を感じることがほとんどなくなった
ついでに新たな目標ができたりして
目指すのは
個性的でとんがっててカッコイイ人
キラーン
これもいいけどやっぱり
シンプルで自然で話してみると気さくで楽しい人
こんな人かな
となると外側だけのおしゃれより内側も磨かなきゃね
そしてシンプルな服が似合うたるまない体っ!!
フンッ フンッ
急に筋トレしてどしたの?
またちょっと楽しくなった私です

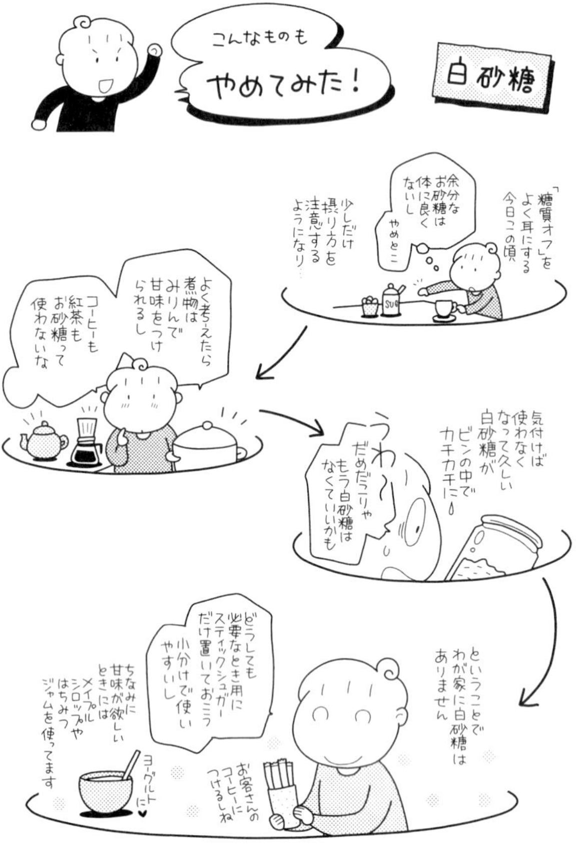

こんなものも
やめてみた！
白砂糖
「糖質オフ」をよく耳にする今日この頃
余分なお砂糖は体に良くないし
やめとこ
少しだけ摂り方を注意するようになり…
よく考えたら煮物はみりんで甘味をつけられるし
コーヒーも紅茶もお砂糖って使わないな
気付けば使わなくなって久しい白砂糖がビンの中でカチカチに
うわ〜
だめだこりゃ もう白砂糖はなくていいかも
ということでわが家に白砂糖はありません
どうしても必要なとき用にスティックシュガーだけ置いておこう 小分けで使いやすいし
お客さんのコーヒーにつけるしね
ちなみに甘味が欲しいときにはメイプルシロップやはちみつジャムを使ってます
ヨーグルトに♥

第八話　コンビニの巻

ある日の朝
フンフ～ン♪
今日の仕事の予定は　と
どれどれ～
ポリポリ
――ん？
ヤバッ
今日は10時から○○社と打ち合わせだった！
バ
バタ
えーっと～
場所は確か神田だったから急げば間に合う！
バ
バタ
慌てて身じたくを済ませ電車に飛び乗る
は～
なんとか間に合いそう…
ガタン
ゴトン
あれ？
手帳どこいった？
ってか筆記用具もないし
ガサ
う～
もしかして忘れてきた？
ゴソ
仕方ないっ
コンビニでノートとボールペン買っていこう

おっ ローズの香りのフリスク？
すみません これも一緒にお願いします！
あっ 袋はいらないです～
ピッ
新発売
はい 625円になります
そして なんとか無事打ち合わせ
よろしくお願いしまーす！
はー 焦った～
ただいま～
さてと 打ち合わせしたところまとめておこうかな
ん？
なっ なんかうち… 使いかけのノートとかボールペンとか
やたらと多いんですけど…
はて？ 気のせいかしら？
これって全部 今日みたいに筆記用具忘れて打ち合わせに向かって
1～2ページ書き込んだだけで使ってない
慌ててコンビニで買ったやつ？
ひぇ～
全部使い切るまで何年かかるんだよ～
はっ
慌ててコンビニで買ったといえば…

かぜひいてたとき
ティッシュ持って
行くの忘れて
6Pパック
買ったやつの
残りが山ほど
あるんだった
6Pの内1〜2個使って残ってる
こっちには
出先で唇の乾燥が
つらくて買った
リップクリームが
何本もあるし
出先で
ストッキングが
伝線したから
買ったやつの
残りもいっぱい
ある〜〜〜っ！
普段あまりはかないのに〜っ
2足組
それぞれ1枚ずつ残ってる。
私って
コンビニで
どんだけ
よけいなもん
買ってんだ…
なぜのし袋がこんなに…
自分が
怖い
そこで
ここ1カ月分の
レシートを確認
してみることに
そういえば…
今月こそは家計簿つけよう！ととっておいたレシート。
今月の レシート入れ
以前貯金の本を
描いたときに
監修の先生が
お店別に
レシートを重ねる
だけで
ムダ遣いが
見えてきます
FP田辺先生
コンビニ スーパー ドラッグストア カフェ
って
言ってた
ような…
やってみようかな〜
え〜っと これは
スーパー
コンビニ
コンビニ
本屋さん
コンビニ…
今月の レシート入れ

——って
めちゃくちゃ
コンビニ
多くない⁉
コンビニ
ドラッグストア
スーパー
今月のレシー
しかも
よく見れば
"忘れ物して
仕方なく買った
もの"のついでに
なんとなく
買っちゃった
ものも多いし…
つかそっちの方が
多い気が…
7
これが
必要
だったのに
シャープ替芯
チョコレート
ガム
ミルクティ
なぜか
こんなに
買っちゃった
今日だって
忘れ物さえ
しなかったら
ノートも
ボールペンも
買わなかったし
ついでの
フリスクも
買わなかった
はず!
うぐぐっ
そう思うと
もったいない 625円
う〜む…
お財布に
優しくないし
部屋にムダな
ものが増えるし
こりゃ少し
コンビニ行くの
控えた方が
いいのかもなぁ
そりゃ
忘れ物した
ときなんかは
便利なんだ
けどさ——…
はっ

ってか まず
コンビニに
ちょこちょこ
かけ込まなくて
いいように
忘れ物しない
のが先じゃない!?
大体私って
いつも当日に
なってから慌て
すぎだし!!
改めて悪いクセを
発見することに
なってしまった私
そしてそれは
子供の頃から
よく言われてた
言葉でもあった…
忘れ物が
多いですよ!
なぜ昨夜の内に
準備しなかったの?
朝でも
間に合うと
思った—
ボヘー
うぅ…
先生
今ようやく
分かったよ…
人間 自分で
実感しないと
理解できない
ものなのかねぇ
と いうことで
その日の夜
うっかり忘れを
防ぐためにも
寝る前に
サッと明日
やることを
再確認して
おこうかな
え〜っと…
明日は○×社の
原画ペン入れと
夕方4時に
担当さんと
電話で打ち
合わせか〜
打ち合わせ用の
資料まとめて
おこーっと!
サッ

よし、と
他にも何かやっておくことないかな～
おっ
そういえばトイレットペーパーが残りあと2個だった！
ギャ～
紙買うの忘れてた～助けて～
待ってて！今コンビニ行って来る！
わが家でときどき起こる"大変なこと"。
大変なことになる前に明日必ず買ってこよう
メモメモ！
そうそう！
コーヒー豆もそろそろなくなりそう
これもメモ！
いつもはコンビニでてきとーなの買ってたけど明日は商店街の自家焙煎の豆でも買ってみようかな
コーヒー 豆の木
自家焙煎
本日の豆
こうして…
さーてお風呂入って寝るか～
ふぁあ
"明日すること"をなんとなくチェックしてから寝るようにした私

そして1カ月後
レシートをチェックしてみたら…
おぉ～
みごとにコンビニのレシートが少ないっ！
スーパー
ドラッグストア
コンビニ
その他
今はもう慌ててコンビニ行ってムダ買いしなくてもよくなったから
お財布も前よりちょこっと余裕出てきたし
ムダなものもあれから増えてない！
いいことだ♥
BANK
——でも一番変わったのは…
日常生活でバタバタ慌てなくなったこと
さてと——2時からの打ち合わせ行ってこよっと
資料よーし！筆記用具よーし！
ついでに声かけ点検実施中
携帯 財布 ハンカチ ティッシュ よーし！
なんか子供みたいだけど
びしっ びしっ
小さな小さな変化だけれど
むふふ ちょっぴりテキパキしたしっかりさんになった気分
ガタンゴトン
ご満悦な私なのでした

こんなものも
やめてみた！
ガードル
お尻の垂れやぽっこりおなかをカバーするため
便利なガードル
体にぴったりフィットしてくれるので生理中にはくと
安心して寝られる〜
ナプキンがずれにくくモレ防止にもなってよく使ってた
でもある日生理痛がひどいことを婦人科に相談に行くと
しめつけの強い下着は体に悪いですよ
はっ
それにガードルでよくこすれる部分が
なんとなく黒ずんできてる気がする…
そこで最近はガードルをやめてゆるゆるの楽ちんパンツのみにしています
ああ
腰から下がフワフワしてる〜！
ちょっと生理痛もよくなったし
ちょこっとポッコリするのはま、仕方ないか

第九話 スマートフォンの巻

ちなみに仕事の合間も
ふーん
役者の○○が不倫かーやるねー
夕飯のしたく中も
YouTubeやGoogleで音楽を流したり
なんとトイレでふんばるときも片手にスマホ！
むむむ
そしてそろそろ寝ようという深夜0時
布団の中でもスマホ三昧
ふふふ
となり街に美味しそうなピザ屋発見〜
ガー
このせいで夜ふかしして朝ねぼうになってるのは自分でも気が付いてるんだけど
そんなこんなでもう3時
なかなかやめらんないんだよね〜
何をそんなに見ているのかというと
なにこのニャンコ可愛い〜
世界のオモシロニュースサイト
おっさん座り
とりとめのないサイトばかり…
ん？
「夫の実家とは交流を断ちたいけど新居購入資金の援助はして欲しい」なんて厚かましい嫁さんなんだー！
悩み相談にユーザーが答えるサイト
プンスカ
そしてついにある日のこと

ただいま〜
うっ!
おかえり〜
ごめーん夕飯テキトーに食べて!!
ごちゃ
どどしたのこれ…
描きそんじの紙
捨てるの忘れたゴミ
捨てるの忘れたDM
たたんでない洗たく物
実はさあ1週間くらい前寝ぼけてるときにもらった仕事のメール
うっかり忘れてて今朝電話で
もはや朝ではないが
明日〆切ですけど大丈夫ですかっ!?
へ!? 〆切!?
がばっ
担当Sさん
なんて言われてようやく気付いてさびっくりしちゃったよ〜
今日はずっと机に向かって仕事だったの
おかげで家のこと全部ほったらかしになっちゃった
あはは〜
そっかー
じゃあゴミ出すついでにほか弁でも買ってくるよ
まずは仕事がんばれ!!
ゴミ
ゴミ
お茶
おてもと

う〜〜〜
ごはん〜〜〜♡
今日はじめての食事だよ〜
あ
そうそう！
明日
外でごはん
食べてくるね
飲み会？
うん
ホラ 同僚のNさんが
今のプロジェクトで
相当悩んでるみたい
だから
Nさん
うちにも何度か遊びに来た
相談に乗る
ことになったんだ
かなり参っちゃっててさ〜
……
もぐもぐ
え〜
そういうのって
ネットでは
〝相談女〟っていって
相談を口実に
男性との距離を
縮める嫌な女の
手口らしいよ〜
大丈夫？
はあ⁉
ねえ！ それ
本気で言ってる⁉
Nさんがそんな
人じゃないって
知ってるはずだし
同僚が困ってたら
話を聞くくらい
当然だろ‼
ビクッ
以前なら絶対
そっか〜
それは心配
だね〜
行っといで〜
って言って
くれてたはず
——って
いうか…

最近生活そのものもなんだかだらしないし
仕事にも影響出てるし
家事は僕もできる限りやるけどさ
ゴミ
なんか性格がキツくなってる気もするし
それってダラダラネットばかり見てるからじゃないのっ⁉
もういいかげんネットなんかやめればっ⁉
お茶
風呂入って寝るっ!
おやすみっ!
パクパク
しゅん
……
あの夫君が怒った…
ホント夫君の言う通りだ…
私 生活も仕事もだらしなくなってるし
ネットの情報うのみにして
夫君にもNさんにもひどいこと言っちゃった…
申し訳ない…

なんていうか
イヤなことが
あっても
ネット見てると
忘れられたし
わ〜 ワンコ かしこーい
お悩みサイトの
相談者がユーザーに
言い負かされてる
のを見ると
なんだか自分が
ケンカに勝った
みたいで気分が
良かったんだよね
それはマナー違反！
大人として ダメ！
そうだ そうだ
もっと やれ〜！
私としては
ストレス解消だと
思ってたけど
自分から
ストレスを増やす
生活をしていたの
かもしれないなあ
は〜
イラ イラ イラ
めんどくさー
最近つい ためこんじゃう んだよなぁ〜
ゴミ
ゴミ
ゴミ
——といっても
ネットって
仕事でも使うし
きっぱりやめる
ってわけにも
いかないし…
ネット自体は 便利なところも あるしね〜
う〜む…
夢中になりすぎない
ちょうどいいネットの
使い方
何か考え
なきゃなあ
翌日
よし！
今日から
〝片手にスマホ生活〟は
やめて
ネットを見るときは
自分なりのルールを
設けるようにしよう！

まず 誰かを攻撃するような キツイ言葉が 飛び交うサイトは 見るのやめよう
常にケンカしてる みたいで性格が キツくなっちゃう 気がするし
ピッ
ブックマークを 解除します
YES
キャンセル
ブックマーク はずしちゃお！
見ないと 決めたそばから
見たくて 仕方ない
うず
うず
うず
えーいっ
スマホ自体 引き出しに しまっちゃえ！
ぱたん
この方が 仕事も はかどる！
着信音をONに しておけば 緊急の着信や メールには気が 付くはずだし！
そして その夜
そろそろ 寝る準備 しよーっと
あ！ そういえば スマホのアラームを 目覚ましに使ってる から
いつも寝るときは 枕元にスマホを 置いてたけど
ついつい布団に 持ち込んじゃって 夜ふかししちゃうのも どうにかしないと…
ってことは 目覚まし 時計があれば スマホはいらない ってことだよね
えーっと 確かこの辺に しまい込んで…

あった！
トラベル用
目覚まし時計！
海外旅行のときしか使わないからもったいないと思ってたんだよね
今夜からはこの
目覚まし時計を
セットして寝て
みようっと！
そしてスマホは
着信音をONにして
リビングに
置いとけばいいか
家電話のおとなり
……
ただいま〜
あっ
おっ おかえりっ
なんか気まずい二人
Nさんどうだった？
あっ
うん
元気になったよ
Nさんが苦手な
分野をみんなでフォロー
することになったんだ
あ あのさ
昨日はごめんね
夫君にも
Nさんにも
ひどいこと
言っちゃって…
大反省したよ
うん
僕もちょっと
キツく言い
すぎたよ
こうして
ネット中毒から
脱するキッカケを
みつけた私
Nさんがお礼にプリンくれたよ
一緒に食べよう〜
やった〜！
スマホと上手に
付き合えるように
なって
ちょっぴり
ホッとして
います

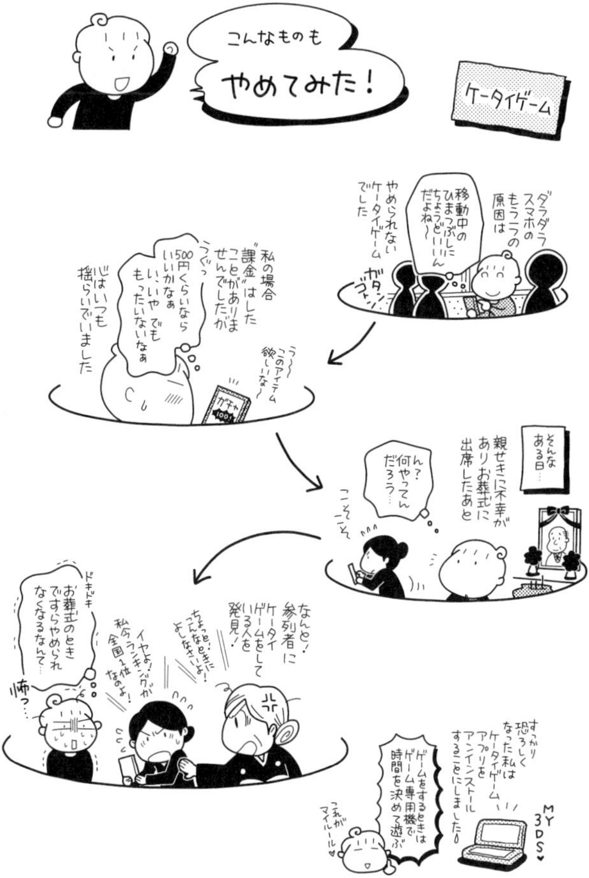

こんなものも
やめてみた！
ケータイゲーム
ダラダラスマホのもう一つの原因は
移動中のひまつぶしにちょうどいいんだよね〜
ガタンゴトン
やめられないケータイゲームでした
う〜このアイテム欲しいな〜
ガチャ 100！
私の場合"課金"はしたことがありませんでしたが
うぐっ
500円くらいならいいかなぁ いいやでももったいないなぁ
心はいつも揺らいでいました
そんなある日…
親せきに不幸がありお葬式に出席したあと
ん？何やってんだろう…
こそこそ
なんと！参列者にケータイゲームをしている人を発見！
ちょっと！こんなときによしなさいよ！
イヤよ！私今ランキングが全国1位なのよ！
ドキドキ
お葬式のときですらやめられなくなるなんて…
怖っ…
すっかり恐ろしくなった私はケータイゲームアプリをアンインストールすることにしました
ゲームをするときはゲーム専用機で時間を決めて遊ぶ
これがマイルール♥
MY 3DS♥

第二章で やめたもの

- ☑ ファンデーション
- ☑ 「自分には○○は似合わない」という思い込み
- ☑ ついつい着回しのきかない個性的な服ばかり買ってしまうこと
- ☑ コンビニちょこちょこ買い
- ☑ ながらスマホ

- ☑ 毎晩のビール
- ☑ 白砂糖
- ☑ ツアー旅行
- ☑ ガードル
- ☑ ケータイゲーム

第三章 心の中も、やめてみた

第十話　もやもや人間関係の巻

Aちゃんって素直でいい人なんだけど時々自分勝手で
ごめ〜ん
時間にルーズ
メールの返事が3日経ってもこない
まずっ
よくこんなの食べられるね
おススメしたん
ズケズケ言う
ふりまわされることがあるんだよね
前はあんまり気にならなかったんだけどな…
はっ
それに誘うのはいつも私からで
Aちゃんから誘われることなんてなかったかも…
そんなことがあってから頭の片すみにはいつも
向こうから誘ってこないってことはやんわりさけられてたってこと？
実は嫌われてたとか？
ズケズケ言われるし…
私なんかしたっけ？
モヤモヤがこびりついている感じ
モヤモヤはやがて
友達なんだから前回誘われたら今回は自分が誘うとか
気を遣ってくれてもいいと思うんだけどなあ
私ならそうするけどね
Aちゃんを責めるような気持ちに変わり
フンッ
いいもんいいもんっ
もう私からは誘わないもんっ
プチッ
友達をやめようかと考えるほどに

でもなあ
私って友達が多い方じゃないから
Aちゃんと友達やめちゃったら
一段とさみしくなっちゃうなあ…
プチッ
あ〜あ
なんか嫌われるようなことしたっけなあ?
そして無限ループ
プチ
プチ
プチ
プチ
モヤ モヤ
あ! なんか機嫌悪そう
僕なんかしたっけ?
ここにもモヤモヤが一人
こうなると
なかなか元気が
出ないのが私の性格
そんなある日のこと
別の友達と会う機会があったので
話してみると
定期的にごはん食べに行くJちゃん
昔のバイト仲間
わかるわかる〜
自分ばっかり
気を遣ってるような
気がしちゃって
モヤモヤするんだよねー
あるある
Jちゃんのダンナさん
私の友達で
旅行行きたーい
って言うくせに
旅行プランや
申し込みは全部
私任せにしてさ
それなのに現地では
○○のショップ行きたい!!
なんて急にワガママ
言う人がいるの!
モヤモヤしちゃってさ〜
ルートに入ってないっつーの
それは
モヤるね〜
普段は
悪い人じゃ
ないんだけどね〜
あ あのさー

そんなにモヤモヤするんなら 友達付き合いやめればいいんじゃないの？
ドキッ
えっ⁉
そっそんな友達やめるほどのことでもないかなーと思うしっ 波風立てるのも嫌だしさ‼
うんうん
付き合いをやめるっていうか モヤモヤする人とは連絡とらないで少しずつ距離をおけばいいだけでしょ
もし誘われてもそこはウソも方便でやんわり断ればいいだけだし
誘ってくれてありがとう！でもその日は都合が悪く行けそうにない…ごめん！
でも一方的に距離をおくってなんか罪悪感あるっていうか…
ねえ
うん
なんか心が狭いような気もするし…
友達やめるって一大事だよねえ
ふ〜ん
友達と距離をおくってそんなに悪いことじゃ ないと思うんだけどなー

俺ね 大学の頃 めちゃ仲が良い 友達がいたんだけどさ
よく俺んちで朝まで飲んでザコ寝したな〜
カーッ
ゴー
卒業してからも よく飯に行ったりしてたんだけど
そいつ就職してから なんか変わった気がして…
なんつーか大人ぶってる感じでさ〜
お前も いいかげん フリーターやめれば？ やっぱり男は ちゃんと就職して 稼いでからが 一人前だと思うぞ
古本屋でバイト中
あー うん そうかもな
俺バイトでお金なかったし もしかしたら嫉妬もあったのかもしれないけど
今は古本屋店長
お前金ないんだろ
今日は俺がおごるよ
えっ
いいよそんなことすんなよ!!
なーんとなく付き合いづらくなっちゃって
飯に誘われても あれこれ理由つけて 断ってるうちに すっかり疎遠になっちゃったんだよね…
バイト入ってて休めないんだわ すまん！
それがこの前 大学の友達の結婚式でバッタリ会っちゃってさ 話してみたら 大学の頃に戻ったみたいに話しやすくなってて
久し振りだな
おう！
5年振りだ！
最近また よく飯に行くようになったんだ

今思えば 人間 生活が 変われば 考え方も 変わるんだから
いくら友達だって 合わない時期も あるんだよな
もしあの頃 ムリして付き合って お互い大嫌いに なってたら
再会しても 知らんぷりしてたと 思うんだよね
!!
!
!
サッ
サササッ
だから しょっちゅう 会うだけが 友達じゃ ないと思うん だよねー
うっ
ここだ!
友達なら もっと気を つかって自分から 誘ってくれても いいのにな―
プチッ
耳が痛い…
友達と距離を おくのはそんなに 悪いことじゃない
…かぁ
確かに私って 人と距離を おくの苦手 なんだよね~
苦手な人とも ムリして 付き合って…
ぐちぐち
ぐち
はー なんで私 ここに いるんだろう…
トイレでふと 我に返る
ぐったり疲れる なんてことも あるし

人に嫌われるのが怖いからついついいい顔しちゃうくせに
お花見したいな～
花見？じゃあ私場所探しておくよー！
あ～あ
なんで私って損な役を引き受けちゃうんだろう
他の人ももっとすすんでやってくれてもいいのにな…
勝手に不満をため込んでモヤモヤしちゃったり…
うっわれながらめんどくさい性格。
Aちゃんへのモヤモヤももしかしたらそんな性格のせいなのかも
嫌われたくないからすすんで親切にする
いつの間にか“親切にしてあげている”ような気分に
Aちゃんのささいなわがままも許せなくなる
普段こんなに親切にしてるのにー！
モヤモヤ
なぜだ
……
Aちゃんと少し距離をおいてみようかな…
そしてこれを機にモヤモヤする友達付き合いから卒業しよう！
ゴクリ…
よしっ
Let's“やめてみる”だ！

こうして
少しだけ友達付き合いを変えてみた私
おっ
リンゴが安い〜
398
まず変わったのは
"友達関係は休んでもいい"と思うようになったこと
この先どうなるかは分からないけどAちゃんを誘うのはしばらくお休み
だからもうモヤモヤ考えるのはおしまい！
あ そういえばBさんからごはんのお誘いメール来てたんだっけ
Bさん
Bさん
ねーねー
聞いてよ〜 うちのダンナったらさー！ グチ聞いて欲しいし近々ごはんでもどう？
イラ イラ
今までなら付き合ってたけど今回はお休みさせてもらおう
ちょっと苦手なお誘いを断るのも気が楽になりました
今日〆切明けだから楽しいお酒飲みたいし
そしてこんなマイルールも…
おっ〜 こんなところで写真の個展やってる
写真展
○山×男

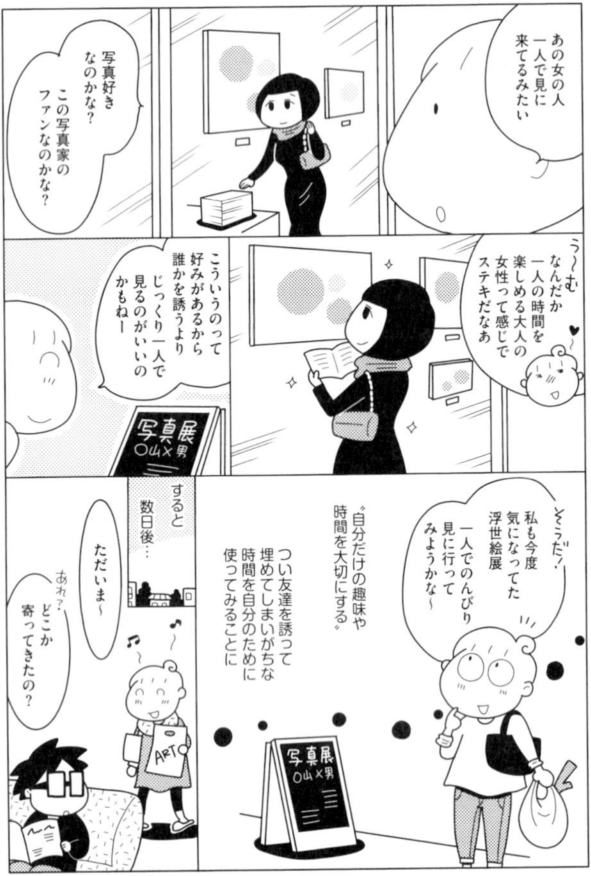
あの女の人
一人で見に
来てるみたい
写真好き
なのかな？
この写真家の
ファンなのかな？
う〜む
なんだか
一人の時間を
楽しめる大人の
女性って感じで
ステキだなあ
こういうのって
好みがあるから
誰かを誘うより
じっくり一人で
見るのがいいの
かもねー
写真展
○山×男
そうだ！
私も今度
気になってた
浮世絵展
一人でのんびり
見に行って
みようかな〜
〝自分だけの趣味や
時間を大切にする〟
つい友達を誘って
埋めてしまいがちな
時間を自分のために
使ってみることに
写真展
○山×男
すると
数日後…
ただいま〜
あれ？
どこか
寄ってきたの？
ART

えへへ
打ち合わせの帰りに時間があったから美術館行ってきたんだ〜
これ見たかったんだよね〜
歌川国芳の猫
結構人がいたけどわりとのんびり見られて楽しかったよ
へ〜
図録見せて〜
ふふっ
あんなにモヤモヤしてたのがウソみたい
今思えば
ハッキリ言われたわけでもないのに
もしかして嫌われてる？
なんて一人でいくらモヤモヤしても答えなんか出ないのにね
友達というのはもしかしたら
おお〜
なんじゃこりゃ〜
歌川国芳の猫
距離ができて時間がたっても
いつか再会したときまた楽しく過ごせるものなのかもしれません
おもしろいでしょ〜
今度月岡芳年見に行くんだ〜
へ〜
それから半年後
Aちゃんからは元気そうなメールが届いたのでした
Aちゃん
元気？ 私はテニスで焼けてるよ！ 久し振りにごはんでもどう？

こんなものも
やめてみた！
否定から入ること
「NOと言えない日本人」なんて言われてるけど
世の中けっこう"否定ばかりする人"っています
私さ〜 あーゆーの苦手なんだよね つかあの人センス悪いし〜
これキラーイ！
グチ グチ
う〜む
こういう人って「私は他とは違う」「私は分かってる」ってアピールしたい人なんだろうなぁ…
なんて思っているくせに…
ズズズ…
そういう私もけっこう否定から入る人間
何この映画 こんなの誰が見に行くんだろ？ つまんなそう〜 よく作ろうと思ったなぁ
ふ〜〜ん
MOVIE
でも数ヵ月後…
わっ
あの映画好評でロングラン決定!?
世の中分からんわ〜！
ーって分かってなかったの私か…
大ヒット
ロングラン決定！
自分が詳しく知りもしないことを頭ごなしに否定するのはちょっと恥ずかしいことだと気付いたのでした

第十一話　お詫びの巻

先日友達と買物に出かけたときのこと…
そのバッグいいよ〜
おススメ!
ホント?
買っちゃおうかな〜!
ありがとうございます 一緒にメイク落としのサンプルも入れておきますね!
ぜひ使ってみてください!
あっ はい! スミマセン
ペコリ
Café Lunch 11:30〜
お水のお代わりどうぞ
あっ スミマセンッ
さてと腹ごしらえもしたし次はどこ行こっか〜
おいしかったね〜
ちょっと髙島屋寄っていい? 見たい香水があるんだ
ドンッ
うっ
歩きスマホ
あっ スミマセン!
……
キッ
プイッ

ちょっとー!! なにあれー!!
今の完全に向こうがぶつかってきたよね!
感じ悪ーっ!
大丈夫?
うん 平気
だよねえ! あの人全然前見てなかったし
ってか そもそも なんでぽんが謝ってんのよ
なんかぽんって しょっちゅう スミマセンって 言ってる気がするんだけど〜
えっ?
そ そう?
そう言われてみるとそうかも
これってクセなのかな〜
そこで夫にも聞いてみると
う〜ん
そういえば確かに「スミマセン」「ゴメンナサイ」ってよく言ってるかもね
そ…そうだったのか…
自分が悪いときじゃなくても 謝らなくていいところで 謝ったりしてる 気がする
ファストフード店でポテトをすすめられたとき、夫は
ポテトも一緒にいかがですか?
ごめんなさいっ
ペコッ
なぜこの人は必死に謝ってるんだろう…
と思ったのだそうだ
改めて考えると われながら変
ん〜 お店の人は仕事で やってくれてるのは 分かってるんだけど
なーんか申し訳 ない気持ちに なっちゃうんだよね
ふ〜ん

あ〜もう
私なんかに
そんなに親切に
してくれなくても
大丈夫ですっ!!
って思っちゃって
ついスミマセンって
言っちゃう…
ん?
……
い、い、私なんかに?
ドキッ
思わず口をついて
出た一言に
自分でも驚いて
しまった私
そういえば
子供の頃から
〝私なんか〟って
思ってたっけな
デブー
ブター
幼い頃
超肥満児で
からかわれることが
多かった私
忘れ物が多く
片付けが苦手で
周りの子供達と
同じことがどうしても
できなかった子供時代
今月の忘れ物番長
ぽん
おりがみが
折れなかった。
角が合わせ
られない…
きっと今なら
なんらかの診断が
下されるんだろうな
ぐちゃっ
お道具箱は
いつも
ぐちゃぐちゃ
ぽん
よく物を
なくす
そしてそんな私を
四六時中叱っていた
厳しくて
怖い母

いつもいつも
どうして私は こんなにダメ なんだろう…
自分のダメなところ ばかり数えていた
大人になって そんな自分を 少しずつ受け入れ られるようになって きたけれど
スタイルも 顔も良く ないけど"
むに〜
仕方ない もんねぇ
心の中ではずっと "私なんか"って気持ちを ひきずったままだった のかもしれない
そっか… 過剰な「スミマセン」は
自分を卑下してる からだったのか…
そうそう!
僕ね スミマセンって 言ってるの 聞くたびに いつも思ってた ことがあるんだよね
え? 何?
そこは ありがとう でしょって

そりゃ肩がぶつかったときは「スミマセン」だけど
親切やサービスには「ありがとう」って言わなきゃ
サンプル入れておきますね〜
ありがとうございます
ありがとうございます
お水どうぞ
ぽんの「スミマセン」はほとんどが「ありがとう」に
置き換えられると思うんだよね〜
「スミマセン」じゃなく
「ありがとう」…
じわ〜
このときなぜか
えっ？えっ？どうした？
僕なにか変なこと言った⁉
急に胸がいっぱいになってしまった私
プル
プル
うんっ
今度から「スミマセン」やめて「ありがとう」にしてみる
なんでだろ？なんか涙出る
こうしてまた新たな〝やめてみる〟をみつけたのでした
ボロ
ボロ
なぜ泣く〜
どーしたというのだ〜
数日後
焼き
どうしよ〜かな〜
今日は日本酒にしよっかな
おしながき
酒

あの〜
もし良かったら
このお酒飲んで
みません？
信州のお酒
なんですが
お客さんにお出し
するには一杯分も
残ってなくて…
これくらい
大信州
酒
サービスで
タダで
いいっス！
え〜!?
お〜!
いいん
ですか!?
そんなぁ
どーも
スミマセ…
はっ
じーーっ
あっありがとう
ございますっ！
いただき
ますっ
ハイッ
よろこんで―！
大信州
よく
できました
?
なんだろ
ちゃんと
ありがとうって
言えると
自分も嬉しい
気がする
おまたせ
しましたっ
キラ〜〜ン

は〜
美味しい
あざッス
よかったね
「スミマセン」より「ありがとう」の方が気持ちいいね
その方が相手もよろこぶ気がするし
素直に親切を受け入れて「ありがとう」って言えることって
なんていうか…対等でいられるってことなのかもって思ったよ
スミマセン
親切
へりくだりすぎ
ありがとう
親切
対等
ふーん
あのとき胸がいっぱいになって涙が出てしまったのは
私はダメな子供だったけど
そんなに卑下せずに誰とでも対等に接していいんだよって
あの頃の自分に言ってあげたい
くすん
人生そんなに捨てたもんじゃないみたいだよ
と心のどこかで気付いたからかもしれません
私にとって「ありがとう」という言葉は
相手に感謝を伝えるだけじゃなく
教えてくれてありがとう
どういたしまして
ペコリ
ペコリ
同時に自分を大切にすることができる言葉だったみたいです

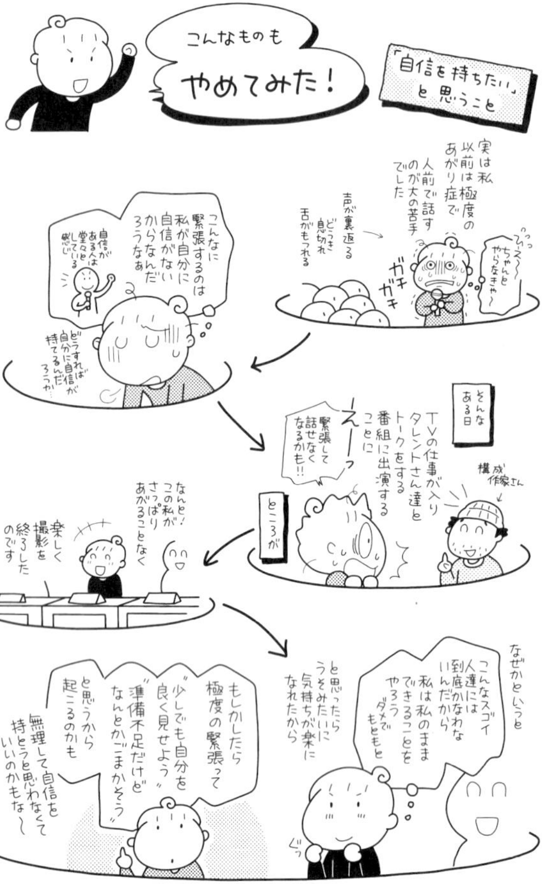
こんなものも
やめてみた！
「自信を持ちたい」と思うこと
実は私 以前は極度のあがり症で 人前で話すのが大の苦手でした
声が裏返る
どうき
息切れ
舌がもつれる
ひぇ〜 ちゃんとやらなきゃ〜
ガチガチ
こんなに緊張するのは私が自分に自信がないからなんだろうなぁ
自信がある人は堂々としている感じ
どうすれば自分に自信が持てるんだろうか…
そんなある日
TVの仕事が入りタレントさん達とトークをする番組に出演することに
構成作家さん
え――っ
緊張して話せなくなるかも!!
ところが
なんと！この私がさっぱりあがることなく
楽しく撮影を終了したのです
なぜかというと
こんなスゴイ人達には到底かなわないんだから 私は私のままできることをやろう ダメでもともと
と思ったらうそみたいに気持ちが楽になれたから
ぐっ
もしかしたら極度の緊張って "少しでも自分を良く見せよう" "準備不足だけどなんとかごまかそう" と思うから起こるのかも
無理して自信を持とうと思わなくていいのかもな〜

第十二話 「充実させなきゃ」の巻

ま…また
やって
しまった…
また超絶
つまらない
ウソをついて
しまった…
ふ
スケジュール
わりとスカスカ
いつでもOK！
ついつい見栄を張って
忙しいフリを
してしまうことが…
だって予定が
あまりにスカスカ
してると
「生活が充実
していなそう」
って思われそうで
はずかしいんだもん
というか
みんないつも
なんの予定が
そんなに入ってるんだろう…
フェイスブック見てみようっと
ん？
仕事の都合で
FPの資格試験
受けてきた！
受かります
ように！
ファイナンシャルプランナー 3級
スター・ウォーズ
最新作
見にきた
よ〜！
YOGA！
大学の頃の
友達と皆で
バスツアー！
伊勢神宮に来たよ〜♪
子供の友達家族
3家族でピクニック！
お弁当は持ち寄り♥
友達と
アウト
レット！
習い事の
発表会が
あったよ
家族で
ギョウザ
作り
友達に誘われて
雑こく米の
セミナーに！
押し麦おいしい♡
わっ
わっ
わっ

みんなすっごい
毎日充実
してるんだなあ
そ…それに
比べて私
なんて…
よくある
私の週末
10時
くらいに
起きて
そうじ
日用品の
買い出し
ついでに
散歩
夜は
本か
DVD
たいていこの
くりかえしだ
もんな〜
はっ
そういえば
20代の頃も
同じような悩みが
あったっけ…
会社の独身寮に
住んでいた頃…
アフター5は
ざっくり2組に
分かれる！
外出組は
華やかで
楽しそうで
なんだか
うらやま
しいなぁ
モテそうだし
在寮組
外出組
今日
飲み会
なの〜
私は
習い事
私って昔から
変わってないんだなぁ
スケジュールが
埋まってるってことは
それだけたくさんの
人に必要とされて
るんだろうなぁ
——それに…
うちでボーッと
生活して年を
取っていく私の
人生より
いろんな経験を
しているみんなの
人生の方が
上質って気がする
やっぱり
今のままじゃ
いけないような
気がしてきた…
ゴクリ
——と
いうことで

“人生充実化作戦”を練ることに!
う〜む
どうしたら“充実した人生”を送ることができるんだろう
充実してる人ってこんな人!
いつも予定がいっぱい
美術館や映画館には定期的に行く
美術
MOVIE
いつも元気でハツラツとしている
何か資格を持っている
簿記1級
フラワーアレンジ
ステキな趣味がある
むむむ
何から手をつけていいか分かんないけど
とりあえずどんどん新しいことにチャレンジしてみようかな〜
こうして…
興味があるなしにかかわらず“人生が充実しそうなこと”を片っぱしからやってみることに
コックリ
コックリ
ライフプランニングセミナー受講中
当然のように睡魔に襲われる私
区でやってる講習会や1日体験教室に行ってみたり
一人の時間もなるべく
話題の映画を見たりと
スケジュールを埋めていきました
おっ
茶道が趣味ってかっこいいな!
すぎなみ
フラダンス体験
茶道
一日教室
ゴミの分別
よし!
今月の予定はこれでギッチリ!
おお〜!
なんだか充実してきたって感じ!
話題の本やファッション誌も読んどこっと♪

そんなこんなで2カ月が過ぎた頃
ゲッソリ
つ…疲れた…
もぉやだ
ポイッ
本も映画も習い事もあまり興味がわかないものを続けるってことがこんなに疲れるとは…
いや中にはおもしろいのもあったけどさ
それにあんなに友達を増やそうとあちこちで連絡先を交換したとゆーのに
アドレス交換しませんか？
はぁ…じゃLINEで…
羊毛フェルトの体験教室にて
結局友達関係に発展する人がゼロ！ってのが地味にヘコむんですけど…
あやしい人と思われたに違いない…
はぁ…
おこづかいも結構使っちゃったなぁ
やっぱり私には充実してキラキラした毎日なんて無理なのかなぁ
今週末は家でおとなしくしてよっと
ゴロン
そういえば忙しくてしばらくベランダのそうじをしてなかったな
前はマメにやってたのに
めんどくさいけどどーせひまだしやっちゃうか～

ついでに鉢のレイアウト変えてみようかな
そしたらサッシも磨いちゃおう!
やりはじめると楽しくなっちゃうんだよね〜
すると…
ふぅ
う〜ん
充実っ!
!
なんだかここ最近の中で一番充実感あった気がする
そして午後には
日用品の買い出しついでに近所を散歩して
あっ!
しっぽがすごく長い鳥か!
夜は読書や調べもの
オナガ(尾長)だって
そのまんまの名前だね
野鳥図鑑
ふふっ
なんだかんだで結局以前の生活リズムに戻っちゃったけど
よくあるのんびり週末
そうじ
散歩
ゆっくり
読書
なんだかこっちの生活の方が私にとっては充実感あるな

というか この2カ月間 私は
〝人生を充実させよう〟というより
物知りでしょ
MOVIE
流行に敏感でしょ
おしゃれでしょ
LINE
友達たくさんいるでしょ
〝こういうことをすれば充実している人に見えそう〟ってことばかり追いかけていた気がする
つい人と比べて〝充実させなきゃ〟って焦っちゃったけど
よく考えたら何で充実感を覚えるかなんて人それぞれなんだよね
仕事バリバリ
紅茶でホッとする
どちらも充実してるよね
今まで気付かなかったけど
これまでの生活の中にも私なりの充実感は
ちゃんとあったんだ
そう思えてから以前よりも自分の生活が愛しく楽しく感じられるようになりました
こうして
〝充実した人生にしよう〟という気負いをやめてみた私は
散歩のときは双眼鏡を持ち歩くようになりました
あ! いた! オナガちゃん
のんびりながらも
自分なりの充実した日々を歩みはじめた気がします

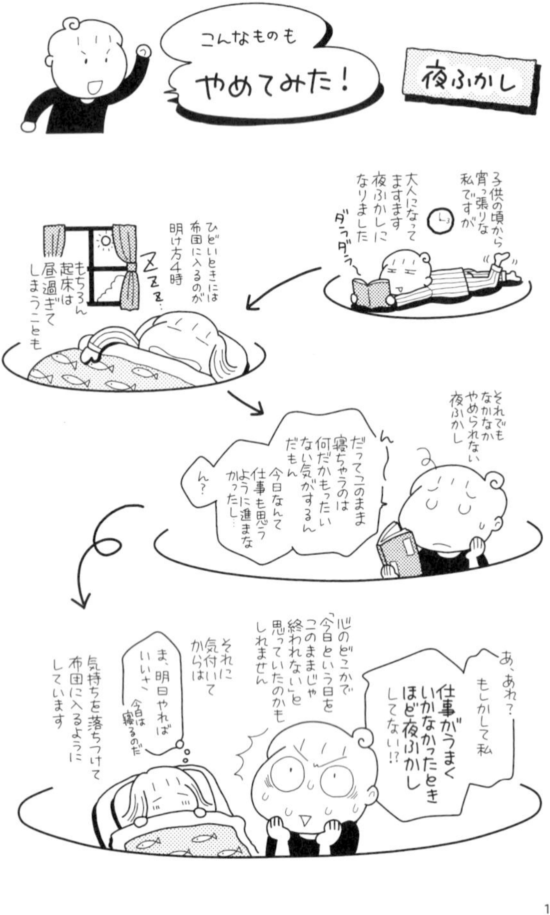
こんなものも
やめてみた！
夜ふかし
子供の頃から宵っ張りな私ですが
大人になってますます夜ふかしになりました
ダラダラ
ひどいときには布団に入るのが明け方4時
もちろん起床は昼過ぎてしまうことも
ZZZ…
それでもなかなかやめられない夜ふかし
だってこのまま寝ちゃうのは何だかもったいない気がするんだもん
今日なんて仕事も思うように進まなかったし…
ん～
ん？
あ、あれ？
もしかして私
仕事がうまくいかなかったときほど夜ふかししてない!?
心のどこかで「今日という日をこのままじゃ終われない」と思っていたのかもしれません
それに気付いてからは
ま、明日やればいいさ
今日は寝るのだ
気持ちを落ちつけて布団に入るようにしています

第三章でやめたもの

- ☑ モヤモヤする友達関係
- ☑ 「すみません」とすぐ謝ってしまうこと
- ☑ 「充実させなきゃ！」と思うこと

- ☑ 否定から入ること
- ☑ 「自信を持ちたい」と思うこと
- ☑ 夜ふかし

エピローグ

ある休日
ふあ〜
おはよー
ん!?
どしたの?
朝から
天気いいし
床をぞうきんがけしてみようかと思ってね
意外と汚れてるんだよね〜
ゴシ
ゴシ
おお〜
ピカピカ!
なんだかこのところ
特に家の中のことやるのが大好きなんだよね〜
これくらいにしとくか〜
はぁ〜
昔はあんなに"片付けられない女"だったのにね〜
ごっちゃり…
あはは
そうだったね
あ
そうだ!
この後本屋行くけど一緒にどう?
おっ
じゃあ本屋の後どこかで軽くお昼にしようか
ベトナムヌードル
フォーガー
トムヤムフォー
ん〜〜っ
おいし〜っ♥
パクチーとナンプラーって大好き!!
ここのフォー美味しいよね〜
ズルッ
生春巻き付き♥

あっ
室井滋さんのインタビュー記事が載ってる！
私 室井さん大好きなんだよね
室井滋
あれだけザッと読んでってもいい？
時間大丈夫？
もちろん
今日はなんだか大好きなものがいっぱいだね
え？ そう？
どれどれ〜
♪〜
室井滋
そしてその夜
よしっ
火を止めてあとは蒸らし13分！
カチッ
ふふふ
やっぱり土鍋はいいなぁ
使えば使うほど大好きになるなぁ
ん？ そういえばお昼
大好きなものがいっぱいだね
って言ってたような…
くつくつ
好きなもの好きって言うのって
ちょっと怖いと思ってたけど
えへへ
そういえば最近よく言ってるかも
実は私にとって「○○が好き」と言うのは少し勇気がいることでした

なぜかというと
好きっ
好きなもの
「好き」と言うのは
自分の趣味嗜好が
他人に伝わってしまう
ということ
こーいうのが好きなんだ
あんなのが趣味なんだ
だから
自分に自信が
ない私は
こーいうのが好きなのって
かっこ悪いのかな～
隠した方がいいのかな
好きなもの
胸を張って
「○○が好き」と
言いづらかったのです
ちなみに似たタイプで
○○って嫌い！
好きなもの
嫌うことで自己主張して本心を隠している人もいる
でも
このところの
〝やめてみる生活〟で
自分の好きなもの
使いやすいもの
暮らしやすいものは
なんなのか
じっくり
考えて選ぶ
ようにしたら
うん！
やっぱり
私は
これが好き！
自分の意見を
尊重できる
ようになった
そーいうことくり返してたら
私の「好き」はまちがってなかったと
分かった気がする
もしかしたら
これが自分に
自信をつける
訓練になった
のかもね
うふふ
今日は一番の
お気に入りの
お皿を
出しちゃおっと
おーい
そろそろ夕飯だよ～
ハーイ

いただきまーす
はぁ～ やっぱり土鍋の炊きたてご飯は最高だね～
いらないものをやめてみたことで
思いがけず
〝本当に大切にできるもの〟に
気付くことができた私
うん
若い頃はとにかくいろんなことを吸収しようと頑張ってきたし
おぼえることもすべきこともたくさんあったけど
こうあるべき
今でしょ
みんなやってる
やるべき
ここらで少し荷物をおろして
は～どっこらしょ
自分に必要なものだけ選んでみるのもいいかもしれない
そうやって少しずつ身軽になって
生きていくのが楽になるといいなぁ
私の試行錯誤の人生はこれからもまだまだ続きそうです
おかわりください
へイよろこんで！

あとがき

この度は『やめてみた。』を
手に取ってくださって
ありがとうございました

このところ「ダイエット」「片付け」そして「やめてみる」
といった自分自身と向き合う内容の本を描いて
きましたが その度にできることが増えたり 心が楽に
なったりと 私自身や生活そのものが変わってきて暮らし
やすくなってきた気がします

こんな機会をくださった幻冬舎さん　いつも笑顔で
ねばり強く原稿のできあがりを待ってくださる担当さん
携わってくださった多くの方々　サポートしてくれた家族
そして読んでくださった皆さん ホントにホントーにっ
ありがとうございました！

わたなべぽん

この作品は二〇一六年七月小社より刊行されたものです。

幻冬舎文庫

●最新刊
40歳を過ぎたら生きるのがラクになった
アルテイシアの熟女入門
アルテイシア

若さを失うのは確かに寂しい。でもそれ以上に生きやすくなるのがＪＪ（＝熟女）というお年頃。ＷＥＢ連載時から話題騒然！　ゆるくて楽しいＪＪライフを綴った爆笑エンパワメントエッセイ集。

●最新刊
ヘタレな僕はＮＯと言えない
公僕と暴君
筏田かつら

県庁観光課の浩己は、凄腕の女家具職人・彬に仕事を依頼する。しかし彬は納品と引き換えにあらゆる身の回りの世話を要求。振り回される浩己だが、だんだん彬のことが気になってきて――!?

●最新刊
〝がん〟のち、晴れ
「キャンサーギフト」という生き方
伊勢みずほ　五十嵐紀子

アナウンサーと大学教員、同じ36歳で乳がんに罹患した２人。そんな彼女たちが綴る、検診、告知、治療の選択、闘病、保険、お金、そして本当の幸せについて。生きる勇気が湧いてくるエッセイ。

●最新刊
洋食　小川
小川　糸

寒い日には体と心まで温まるじゃがいもと鱈のグラタン、春になったら芹やクレソンのしゃぶしゃぶを。大切な人、そして自分のために、今日も洋食小川は大忙し。台所での日々を綴ったエッセイ。

●最新刊
消滅　VANISHING POINT（上）（下）
恩田　陸

超大型台風接近中、大規模な通信障害が発生した日本。国際空港の入管で足止め隔離された11人の中にテロ首謀者がいると判明。テロ集団の予告通り日付が変わる瞬間、日本は「消滅」するのか!?

幻冬舎文庫

●最新刊
男子観察録
ヤマザキマリ

男の中の男ってどんな男？　責任感、包容力、甲斐性なんて太古から男の役割じゃございません！　ハドリアヌス帝、プリニウス、ゲバラにノッポさん。古今東西の男を見れば「男らしさ」が見えてくる？

●最新刊
鳥居の向こうは、知らない世界でした。3 ～後宮の妖精と真夏の恋の夢～
友麻　碧

異界「千国」で暮らす千歳は、第三王子・透李に嫁ぐ王女の世話係に任命される。しかし、透李に恋する千歳の心は複雑だ。ある日、巷で流行している危険な〝惚れ薬〟を調べることになり……。

●最新刊
下北沢について
吉本ばなな

自由に夢を見られる雰囲気が残った街、下北沢に惹かれ家族で越してきた。本屋と小冊子を作り、玩具屋で息子のフィギュアを真剣に選び、カレー屋で元気を補充。寂しい心に効く19の癒しの随筆。

●好評既刊
絶対正義
秋吉理香子

由美子たち四人には強烈な同級生がいた。正義だけで動く女・範子だ。彼女の正義感は異常で、人生を壊されそうになった四人は範子を殺した。五年後、死んだはずの彼女から一通の招待状が届く！

●好評既刊
雪の華
岡田惠和・脚本
国井　桂・ノベライズ

余命を宣告された美雪の前に現れた悠輔。彼の窮地を救うため、美雪は百万円を差し出して、一か月間の恋人契約を持ちかけるが……。東京とフィンランドを舞台に描かれる、運命の恋。

やめてみた。

本当《ほんとう》に必要《ひつよう》なものが見《み》えてくる、暮《く》らし方《かた》・考《かんが》え方《かた》

わたなべぽん

平成31年2月10日　初版発行

発行人――石原正康
編集人――袖山満一子
発行所――株式会社幻冬舎
〒151-0051東京都渋谷区千駄ヶ谷4-9-7
電話　03(5411)6222(営業)
　　　03(5411)6211(編集)
　　振替00120-8-767643
印刷・製本―図書印刷株式会社
装丁者――高橋雅之

幻冬舎文庫

ISBN978-4-344-42841-6　C0195　　わ-15-1

幻冬舎ホームページアドレス　http://www.gentosha.co.jp/
この本に関するご意見・ご感想をメールでお寄せいただく場合は、
comment@gentosha.co.jpまで。